高等职业教育汽车改装技术专业教材

汽车美容装饰企业创业与管理

彭 钊 主 编
董加俊 蒋 映 副主编
白 东 主 审

人民交通出版社股份有限公司
China Communications Press Co.,Ltd.

内 容 提 要

本书为高等职业教育汽车改装技术专业教材,全书分为11个项目,内容包括:创业准备、市场调查、企业选址、创业计划、企业登记、机构设置、人力资源管理、设备采购及管理、汽车美容装饰用品采购及库存管理、客户关系管理和常见营销推广策略。

本书可作为职业院校汽车类专业的教学用书,也可作为创新创业人员的参考用书。

图书在版编目(CIP)数据

汽车美容装饰企业创业与管理/彭钊主编. —北京:人民交通出版社股份有限公司,2019.12

ISBN 978-7-114-15945-9

Ⅰ.①汽… Ⅱ.①彭… Ⅲ.①汽车—车辆保养—服务业—企业管理 Ⅳ.①F719.9

中国版本图书馆 CIP 数据核字(2019)第 257760 号

书　　名:**汽车美容装饰企业创业与管理**
著 作 者:彭　钊
责任编辑:张一梅
责任校对:赵媛媛
责任印制:张　凯
出版发行:人民交通出版社股份有限公司
地　　址:(100011)北京市朝阳区安定门外外馆斜街 3 号
网　　址:http://www.ccpress.com.cn
销售电话:(010)59757973
总 经 销:人民交通出版社股份有限公司发行部
经　　销:各地新华书店
印　　刷:北京虎彩文化传播有限公司
开　　本:787×1092　1/16
印　　张:9.25
字　　数:208 千
版　　次:2019 年 12 月　第 1 版
印　　次:2019 年 12 月　第 1 次印刷
书　　号:ISBN 978-7-114-15945-9
定　　价:24.00 元

(有印刷、装订质量问题的图书由本公司负责调换)

前言
FOREWORD

　　随着我国进入新的发展阶段,经济结构调整和产业升级不断加快,各行各业对专业技能人才的需求越来越紧迫,职业教育的重要地位和作用凸显。作为职业教育的基地,职业院校应牢固树立新发展理念,服务建设现代化经济体系和实现更高质量更充分就业需要,对接科技发展趋势和市场需求,努力提升办学水平和提高人才培养质量。

　　云南交通运输职业学院(云南交通技师学院,以下简称"学院")经过66年的发展,走出了一条符合职业教育规律的具有鲜明特色的发展之路。2017年,学院顺利完成世界银行贷款云南职业教育发展项目建设,编写了高等职业教育汽车改装技术专业教材。

　　《汽车美容装饰企业创业与管理》属于本系列教材之一。在本教材编写过程中,作者认真总结了学院多年以来的专业建设经验,充分调研、对接行业实际需求,注意吸收国际职业教育课程开发先进理念,并深度结合汽车装饰与美容专业《人才需求调研分析报告》《岗位能力分析报告》《人才培养方案》《汽车美容装饰创业与管理课程标准》进行开发,形成了以下特色:

　　(1)全书统一采用"项目—任务"结构,便于开展项目化教学;
　　(2)项目全部来源于企业实际工作,教学针对性强;
　　(3)项目采用情景驱动,有助于提升学生学习兴趣;
　　(4)理论部分采用知识填充设计,充分体现学习过程的开放性;
　　(5)采用大量反映实际工作过程的图片,便于学生自学;
　　(6)任务实施采用大量图表,便于记录实际学习过程;
　　(7)将本专业新材料、新工艺融入教材,内容实用性强。
　　(8)突出"能力本位"设计,体现对学生综合能力(方法能力、社会能力和专业能力)、职业可持续发展能力的关注和培养。

　　本书由云南交通运输职业学院(云南交通技师学院)彭钊担任主编,董加俊、蒋映担任副主编,白东担任主审。参与本教材编写工作的有:井宏伟(编写项目一)、彭钊(编写项目三、项目四)、刘允乾(编写项目五、项目十)、董加俊(编写项目六、项目七、项目十一)、蒋映(编写项目八、项目九)、汽车美容双创中心(大学生事业合伙人创业孵化中心)夭学友(编写项目二)。

　　在本书的编写过程中,云南省世行项目办陈永进、付铁峥、刘海君、云波、刘炜等专家学者以及相关企业技术专家给予了悉心指导和关心帮助,在此表示感谢!同时,也参考了许多国内出版的书籍、杂志,以及网络上的相关内容,在此也对这些作品的著译者表示感谢!

限于作者水平,书中难免有错漏之处,恳请广大读者提出宝贵建议,以便我们进一步修改和完善。

作 者
2019 年 6 月

目 录
CONTENTS

项目一　创业准备 ··· 1
项目二　市场调查 ··· 9
项目三　企业选址 ··· 23
项目四　创业计划 ··· 33
项目五　企业登记 ··· 45
项目六　机构设置 ··· 57
项目七　人力资源管理 ··· 66
项目八　设备采购及管理 ··· 80
项目九　汽车美容装饰用品采购及库存管理 ····················· 90
项目十　客户关系管理 ··· 106
项目十一　常见营销推广策略 ··· 123
参考文献 ··· 139

项目一　创业准备

项目描述

小王是汽车改装技术专业毕业生,通过在校学习和课外调研,了解到汽车美容装饰行业发展前景可观、创业门槛较低,于是便产生了自主创办汽车美容装饰企业的想法。如果你是小王,你应如何做好自主创业的准备?

学习目标

(1)能够说出创业者的类型和特点;
(2)能够列举出创业前个人应做好的准备;
(3)能够列举出至少3种融资的渠道;
(4)能够运用相关表格完成自我分析;
(5)能够主动与人沟通,具有良好的表达能力和团队合作意识。

建议学时

6学时。

学习引导

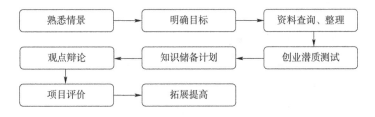

 知识准备

一、自主创业认知

(一)自主创业的概念

自主创业是指创业者依靠自己的资本、资源、信息、技术、经验以及其他因素创办企业,解决自身就业问题的过程。自主创业要求创业者具备清晰的创业理念、合理的创业计划,并选择科学的创新模式,所创办企业应符合行业、市场及社会发展的需求。

自主创业能否成功,在很大程度上取决于创业者个人的性格、技能水平和经济状况。在决定创业之前,创业者应认真地审视自己,以判断自己是否适合进行创业、目前是否具备自主创业的基本条件。

(二)自主创业前的分析

自主创业意味着自己要去从事企业经营活动,需要付出大量的时间,完成大量艰辛的工作。自主创业获得成功,你付出的努力将会得到数倍回报,也可能从此改变自己的人生轨迹,并感受到更多的人生乐趣;一旦自主创业失败,你投入的金钱、精力、时间等都会失去。因此,在自主创业之初,创业者有必要深入思考和回答以下6个问题。

(1)自己为什么创业?

_____
_____
_____
_____

(2)自己创业的优势是什么?

_____
_____
_____
_____

(3)创业可以使自己获得哪些机会?

_____
_____
_____
_____

(4)创业可能会给自己带来哪些影响?

_____
_____
_____
_____

(5)自己如何看待创业风险?

_____
_____
_____
_____

(6) 可能导致汽车美容装饰行业创业失败的主要原因有哪些？

_____
_____
_____
_____

二、自主创业准备

做完自主创业前的分析之后，还应做好以下准备工作。

(一) 知识的积累

1. 专业知识

对于汽车美容装饰行业的自主创业者而言，需要掌握汽车美容装饰项目原理、设备产品、技术工艺以及服务标准等知识，以便更好地选择创业项目，科学地从事企业经营管理活动。

2. 行业背景知识

行业背景知识对于自主创业者确定科学的创业模式、理念、目标有着至关重要的作用。汽车美容装饰自主创业者应熟知汽车美容装饰行业的历史及现状，对汽车美容装饰行业有深刻的理解，并对行业未来发展趋势有清晰的判断。

3. 经营管理知识

自主创业者应掌握的经营管理知识主要包括人员管理、经营过程管理、经营目标管理以及产品或服务销售、营销推广等知识。

4. 融资知识

在创业资金不足时，需要通过多种渠道进行融资，因此，自主创业者要了解融资渠道、懂得融资方法。

5. 财务知识

在企业经营过程中，自主创业者要懂得基本的财务知识，这样才能真正地驾驭自己的企业，提高企业的收益。

6. 法律知识

自主创业者需要掌握《中华人民共和国公司法》《中华人民共和国劳动合同法》《中华人民共和国个人所得税法》《中华人民共和国消费者权益保护法》《中华人民共和国劳动法》等相关法律的知识，做到合法经营。

(二) 专业技术的积累

汽车美容装饰行业属于服务行业，对专业技术要求较高。自主创业者需要掌握一定的汽车美容装饰技术，主要包括汽车美容装饰行业各项目的施工技术、设备操作与维修技术、产品选择与使用技术等。

(三) 能力的锻炼与提升

选择在汽车美容装饰行业自主创业前，应先进入行业内的企业进行深入的学习，储备相关资源，学习专业技术，积累先进的管理经验，掌握企业运作的基本规律。在这个过程中，同时也要做好原始的资金积累。

(四)资金的准备

自主创业需要足够的启动资金,用来支付场地租金、场地装修、人员工资、设备购买、产品采购、开业及宣传活动等费用。启动资金准备越充裕越好,避免项目启动后会出现资金周转困难的情况。

创业者可以通过多种渠道来准备启动资金。请查阅资料,认真思考和讨论后,简要写出各渠道的具体融资方法(表1-1)。

自主创业融资渠道和方法　　　　　　表1-1

融资渠道	融资方法
银行贷款	
民间资本	
政府扶持资金	
亲朋融资	
合伙融资	
风险投资	

注:创业融资渠道有很多种,选择哪种融资渠道和方法,应结合投资的性质、企业的资金需求、融资成本和财务风险以及投资回收期、投资收益率、举债能力等因素综合考虑。

(五)构建人脉圈

自主创业仅靠一个人的力量是不够的,人脉关系在创业过程中具有非常重要的作用。自主创业者要学会积累自己的人脉资源,构建自己的人脉圈,并对自己所掌握的人脉资源进行清晰的定位和分类,同时还要不断经营、维护好自己的人脉关系。

1.人脉资源的分类

人脉资源可按形成过程、所起作用、重要程度、变化动态等进行分类。对人脉资源进行清晰的分类,以便于实施良好的管理。

1)按形成过程分类

按形成过程分类,人脉资源可分为血缘人脉(亲戚)、地缘人脉(老乡)、学缘人脉(同学)、事缘人脉(同事)、客缘人脉(客户)和随缘人脉(偶遇)等。

2)按所起作用分类

按所起诉作用分类,人脉资源可分为政府人脉、金融人脉、行业人脉、技术人脉、思想智慧人脉、媒体人脉、客户人脉、高层人脉(比如上司)以及低层人脉(比如同事、下属)等。

3)按重要程度分类

按重要程度分类,人脉资源可分为核心层人脉、紧密层人脉和松散备用层人脉。

4）按变化动态分类

按变化动态分类,人脉资源可分为现在时人脉和将来时人脉。

2. 人脉圈构建方法

第一步:充分挖掘自身的资源和能力。

人脉圈的存在是为了能够让人脉圈内的个体相互提供帮助,从而共同发展提高。首先,自己要有帮助他人的能力,可以尝试进行分析、整理,找出自己熟悉的领域、擅长的技能,或者能够提供的资源,明确自己能够给朋友提供什么样的帮助;其次,要善意地向朋友表达自己拥有的资源及能力,这样能使自己更容易获得朋友的认可。

第二步:梳理人脉关系网,整合周边资源。

梳理每个人脉所具有的能量和资源,建立人脉库,标注每个人脉的能力和需求。当某个朋友遇到急需解决的问题时,主动联系其他具备条件的朋友提供帮助。

第三步:拓展交际圈,加入其他人脉圈。

积极地接触一些朋友的人脉圈,比如某些商业社交网、某些有针对性的社交组织或者专业的兴趣团队等,这样可以不断扩大自己的人脉圈。

第四步:在交流、分享中维护人脉圈。

有效的沟通交流是维护人脉关系的必要条件,通过主动的沟通交流,可以让自己的人脉关系更加稳固。另外,平时多与朋友分享经验心得,也是一种不错的人脉资源维护方法。

第五步:学会运用自己的人脉。

当自己有某种需求,需要寻求某方面的帮助时,可联系对应的人。同样,也应该借助自己的人脉资源积极帮助他人,人脉关系会在这样的相互往来中变得更加牢固。

 项目实施

任务1　创业潜质测试

根据自己的真实情况,在问题后边的对应回答选项上打"√",见表1-2。

创业潜质测试表　　　　表1-2

序号	问题	回答
1	你是否曾经为某个理想设下两年以上的长期计划,并且按计划执行直到完成?	是　否
2	在学校和家庭生活中,你是否能在没有师长及父母督促的情况下,就可以自觉地完成被分派的工作?	是　否
3	你是否喜欢独自完成自己的工作,并且做得很好?	是　否
4	当你与朋友们在一起时,你的朋友是否经常寻求你的指引和建议?	是　否
5	求学时期,你有没有赚钱的经验?	是　否
6	你是否能够专注地在个人感兴趣的方面投入10小时以上?	是　否
7	你是否习惯于保存重要资料,并整理得井井有条,以备需要时随时提取查阅?	是　否
8	在生活中,你是否热衷于社区服务工作?	是　否
9	不论成绩如何,你是否喜欢音乐、艺术、体育等课程?	是　否
10	在求学期间,你是否曾经带动同学共同完成一项由你领导的大型活动(比如运动会、歌唱比赛、宣传活动等等)?	是　否

续上表

序号	问题	回答
11	你关心别人的需要吗？	是 否
12	你喜欢在竞赛中，看到自己表现良好吗？	是 否
13	当你为别人工作时，发现其管理方式不当，你是否会想出适当的管理方式并建议改进？	是 否
14	当你需要别人帮助时，是否能充满自信地提出请求，并且说服别人来帮助你？	是 否
15	当你需要经济支援时，是否能说服别人给你提供帮助？	是 否
16	当你要完成一项重要的工作时，是否能给自己足够时间仔细完成，而绝不会让时光虚度，最后在匆忙中草率完成？	是 否
17	参加重要聚会时，你是否准时赴约？在生活中，你时间观念强吗？你是否能高效运用时间？	是 否
18	你是否有能力安排一个恰当的环境，使你能不受干扰、高效率地专心工作？	是 否
19	你交往的朋友中，是否有许多有成就、有智慧、有眼光、有远见、老成稳重型的人？	是 否
20	你在社区或学校社团等团体中，被认为是受欢迎的人物吗？	是 否
21	你认为自己擅长理财吗？当储蓄到一定数额时，你是否能想出好的理财计划，赚更多的利润？	是 否
22	你是否可以为了赚钱而牺牲个人娱乐时间？	是 否
23	你有足够的责任感为自己的工作负起责任吗？你是否总是独自挑起责任的担子，彻底了解工作目标并认真执行工作计划？	是 否
24	你在工作时，是否有足够的耐心与毅力？	是 否
25	你是否能在很短的时间内结交许多新朋友？你是否能使新朋友对你印象深刻？	是 否

答"是"得1分，答"否"不计分，你所得的分数为：_____

结果分析如下：

（1）0～5分：你目前并不适合自行创业，应当学习自己为别人工作的技术、提高能力。

（2）6～10分：你需要在旁人的指导下创业，这样才有可能创业成功。

（3）11～15分：你非常适合自主创业，但是你应当分析答案为"否"的问题并加以纠正。

（4）16～20分：你个性中的特质，足以使你从小事业开始，并从妥善管理中获得经验，最终成为成功的创业者。

（5）21～25分：你有无限的潜能，要学会把握时机。

任务2　制订知识储备计划

结合自身实际情况，制订自主创业所需知识的储备计划，见表1-3。

知识储备计划　　　　　　　　　　表1-3

序号	知识	获取途径	时间计划
1	专业知识		
2	行业背景知识		

续上表

序 号	知 识	获 取 途 径	时 间 计 划
3	经营管理知识		
4	融资知识		
5	财务知识		
6	法律知识		
7	其他知识		

任务3 辩 论

辩题:大学生自主创业的利弊(正方:利大于弊;反方:弊大于利)。辩论双方:参辩团队抽签确定正方、反方。请记录员将辩论精彩观点记录在表格内,见表1-4。

辩论精彩观点记录表　　　　　　表1-4

正 方	精 彩 观 点	反 方	精 彩 观 点
一辩 (开篇立论)		一辩 (开篇立论)	
二辩 (驳反方立论)		二辩 (驳正方立论)	
三辩 (提3个问题)		反方 (一、二、四辩分别回答)	
正方 (一、二、四辩分别回答)		三辩 (提3个问题)	
三辩 (质辩小结)		三辩 (质辩小结)	
自由辩论		自由辩论	
四辩 (总结观点、阐述立场)		四辩 (总结观点、阐述立场)	

项目评价

学习结束后,需要及时进行学习效果评价。为体现评价结果的有效性,评价采用自评、互评和教师评相结合的方式,具体评价内容见表1-5。

项目一评价表　　　　　　　　　　　　　　　表1-5

能力	序号	评价内容	分值	自评	互评	教师评
专业、方法能力 (60分)	1	知识准备充分、正确	15			
	2	能认真完成创业潜质测试,结果真实	15			
	3	能制定出科学、可行的知识储备计划	15			
	4	辩论论据准备充分、有说服力; 能认真做好记录或顺利主持辩论赛	15			
综合能力 (40分)	5	有良好的团队分工及协作表现	10			
	6	学习态度端正,能做到实事求是	10			
	7	有良好的表达、沟通能力	10			
	8	体现出规范的礼仪	5			
	9	纪律表现良好	5			
合计			100			
总评						
评语	自评: 签字:					
	互评: 签字:					
	教师评: 签字:					

项目拓展

通过互联网了解国家及所在地区对学生自主创业的支持政策,并简要摘抄。

_____
_____
_____
_____
_____
_____

项目二 市场调查

项目描述

小王想要熟悉当地的汽车美容装饰行业的市场环境,进一步了解客户需求,摸清市场容量,以便为服务项目选择、企业定位及发展规划提供参考依据。如果你是小王,应如何开展市场调查和分析?

学习目标

(1)能够说出汽车美容装饰市场调查的内容、步骤及方法;
(2)能够制订合理的调查计划;
(3)能够设计出针对性和可操作性强的调查问卷;
(4)能够按照计划有序地完成区域汽车美容装饰市场的调查任务;
(5)能够撰写真实、有效、可参考性强的市场调查报告;
(6)能够清晰地展示市场调查成果;
(7)能够进行有效的合作,形成独立思考和认真负责的良好习惯,展现良好礼仪和社交能力。

建议学时

18学时。

学习引导

 知识准备

一、市场调查定义

市场调查就是运用科学的方法,有目的地、系统地搜集、整理市场相关信息,分析市场情况,了解市场现状及发展趋势,为市场预测和创业决策提供客观的、正确的资料。

二、市场调查内容

我国汽车美容装饰行业处于快速发展阶段,相关法律法规不够完善,市场环境不够成熟,企业形态多元化,行业发展走向充满不确定性,消费者习惯以及消费文化在不同地域都存在一定的差异性,不能仅凭直觉或常识对市场情况进行判断,应在创业前多进入市场走访、观察,深入了解行业内竞争对手情况,并对客户进行问卷调查,多渠道搜集信息,做出科学的判断和预测,为自主创业提供一手资料和重要参考依据。

汽车美容装饰市场调查内容主要包含市场环境调查、消费需求调查和市场竞争情况调查三个方面。请查询资料或根据所学知识,思考总结后写出各调查项目的意义。

(一)市场环境调查

市场环境调查的主要内容有:政策法规环境、经济环境、人口环境、自然环境、社会文化环境和科技环境等,见表2-1。

市场环境调查内容　　　　　　　表2-1

序号	项目	内容	意义
1	政策法规环境	汽车美容装饰行业的国家、地方政策及法律法规	
2	经济环境	汽车美容装饰企业面临的社会经济条件及其运行情况、发展趋势、产业结构、资源、氛围等	
3	人口环境	所在区域的人口数量、人口分布、年龄结构、性别比例、受教育水平、家庭情况、收入结构、职业构成、民族构成等	
4	自然环境	所在区域的地形、地貌、气候条件等	
5	社会文化环境	社会结构、社会风俗、社会习惯、价值观念、行为方式、生活方式、文化传统等方面的现状和历史成因	
6	科技环境	汽车美容装饰技术及服务的进步、新技术手段及服务手段的应用等	

(二)消费需求调查

消费需求调查的主要内容有:汽车美容装饰消费需求、消费者收入、消费结构和消费者行为等,见表2-2。

市场需求调查内容　　　　　　　表2-2

序号	项目	内容	意义
1	消费需求	消费者想要得到的汽车美容装饰产品及服务、能接受的产品及服务、已有的需求计划	

续上表

序号	项目	内容	意义
2	消费者收入	家庭收入、个人可支配收入	
3	消费结构	消费哪些汽车美容装饰产品与服务，以及各自的比例	
4	消费者行为	消费原因、消费内容、消费金额、消费频率、消费时间、消费方式、消费习惯、消费偏好和购买后的评价等	

(三) 市场竞争情况调查

市场竞争情况调查的主要内容有：竞争对手的基本情况、产品与服务、经营管理、产品和服务的价格与质量、市场份额和客户评价等，见表2-3。

市场竞争情况调查内容　　　　　　　　　　　表2-3

序号	项目	内容	意义
1	竞争对手的基本情况	竞争对手的数量、实力、位置分布等	
2	产品与服务	竞争对手的产品种类、品牌、价位等	
3	经营管理	竞争对手的企业定位、发展理念、发展战略、员工素质、产品分销、营销推广情况等	
4	产品和服务的价格与质量	竞争对手的产品价格、服务价格、产品质量、服务质量	
5	市场份额	竞争对手的经营区域、市场份额、市场认知度	
6	客户评价	客户对竞争对手的评价、客户选择	

三、市场调查方法

汽车美容装饰市场调查方法主要有文案法、观察法、访谈法和问卷法4种，见表2-4。

美容装饰市场调查方法　　　　　　　　　　　表2-4

调查方法	图示	描述
文案法		文案法又叫资料查阅寻找法、间接调查法、资料分析法，即通过现有的各种信息渠道（网络、书籍）获取资料，对调查内容进行分析研究
观察法		观察法即由调查人员到现场有目的、有针对性地对调查对象的情况进行观察和记录

续上表

调查方法	图示	描述
访谈法		访谈法分为结构式访问、无结构式访问和集体访问 3 种方式。结构式访问借助事先设计好的、有一定结构的访问问卷完成访问；无结构式访问没有统一问卷，由调查人员与被访问者自由交谈完成访问；集体访问是通过集体座谈的方式听取被访问者的想法，收集信息资料
问卷法		问卷法是将调查资料设计成调查问卷，让被调查者填写调查问卷，获得所调查对象的信息

四、市场调查步骤

根据汽车美容装饰市场调查的组织、开展过程，一般可分为调查设计、调查开展、信息处理和报告撰写四个阶段，如图 2-1 所示。

图 2-1　市场调查步骤

（一）调查设计

调查设计是指根据调查研究的目的和调查对象的性质，在进行实际调查之前，对调查工作总任务的各个方面和各个阶段进行通盘考虑和安排，最终形成一个调查计划，使调查能够有目的、有计划、有组织地进行。调查设计主要应确定调查目的、调查范围、调查对象、调查内容、样本的抽取、调查方法、调查问卷、信息的收集和整理、人员配备、人员培训、工作进度、费用预算等多个方面。

（二）调查开展

调查开展过程可以采用多种方式进行，可以通过查阅相关部门的统计数据了解市场总体情况，同时进入行业内的企业内部，通过深入观察、访谈交流以及问卷调查的方式收集相关信息。

（三）信息处理

调查结束后，进入调查数据、资料的整理和分析阶段，对调查表格以及调查收集到的数据等信息进行统计汇总，根据调查目的，对调查所获得的信息进行全面的分析。

（四）报告撰写

撰写调查报告是市场调查的最后一项工作内容，市场调查工作的成果将体现在调查报告中。调查报告将成为企业定位、产品及服务选择、市场营销策略制订、企业发展规划的依据。

五、市场调查报告撰写

经过对市场情况的充分调查,对收集到的全部信息进行分析研究,并以书面形式呈现出来的就是市场调查报告,如图 2-2 所示。

a) 报告封面

b) 报告目录

c) 报告正文

图 2-2 汽车美容装饰市场调查报告范例

任务 1　制订市场调查计划

根据所学知识,查阅资料,制订一份学校所在城市或所属片区的汽车美容装饰市场调查计划。

（一）调查目的（前言）

简要说明调查目的,并写在下面的方框内。

```

```

（二）调查区域（范围）

简要说明调查区域,并写在下面的方框内。

```

```

（三）调查对象、内容及样本的抽取

选取调查对象,确定调查内容及样本比例,并写在表格内对应部位,见表 2-5。

汽车美容装饰市场调查对象、内容及样本　　　　　　　表2-5

序　号	调查对象	调查内容(信息)	样本的抽取比例
1			
2			
3			
4			
5			

(四) 调查方法

至少选取两种调查方法，并对方法进行描述，写在表格内对应位置，见表2-6。

汽车美容装饰市场调查方法的选用　　　　　　　　　表2-6

调查方法	方法描述

(五) 调查进度及人员安排

确定调查时间，进行调查分工，将调查时间、工作开展步骤及人员安排写在表格内对应位置，见表2-7。

汽车美容装饰市场调查时间、工作开展步骤及人员安排　　　表2-7

时　间	调查工作开展步骤	人员安排

(六) 调查资料(信息)整理

将调查资料(信息)的整理与分析方法写在下面的方框内。

(七) 费用预算

根据调查工作开展的实际需要制订费用预算,并写在表格内对应位置,见表2-8。

汽车美容装饰市场调查费用预算　　　　　　　表2-8

序　号	项　　目	预算金额(元)
1		
2		
3		
4		
5		
6		
7		
8		
合计		

任务2　设计调查问卷

根据调查计划,参考以下范例,为本次调查设计一份调查问卷。

(一)调查问卷参考范例

汽车美容装饰市场客户调查问卷

您好!我们正在做一项关于汽车美容装饰的调查,问卷结果将仅用于研究,对于您的个人信息和回答将严格保密。谢谢您抽出时间给予配合,祝您生活愉快!

调查地点:_____

1. 您的爱车的价格在以下哪个区间?
   A. 5 万以下　　　　B. 5 万～10 万　　　　C. 10 万～20 万　　　　D. 20 万以上
2. 您是否愿意定期为爱车做美容保养?
   A. 愿意　　　　B. 不愿意　　　　C. 看情况
3. 您平时经常为爱车做美容装饰的地点是哪里?
   A. 路边洗车店　　　　B. 一般修理厂　　　　C. 4S 店　　　　D. 专业汽车美容装饰企业
4. 您可以接受哪种价格区间的汽车用品?
   A. 100 元以下　　　　B. 100～300 元　　　　C. 300～1000 元　　　　D. 1000 元以上
5. 在以下项目中,您可能会选择哪几项对爱车进行美容装饰?
   A. 清洗　　　　B. 内外美容护理　　　　C. 电器线路、外观改装　　　　D. 音响改装
   E. 漆面改色　　　　F. 坐垫/脚垫替换　　　　G. 其他装饰_____
6. 您平均多长时间对爱车进行一次美容护理?
   A. 一周　　　　B. 一个月　　　　C. 半年　　　　D. 不确定
7. 您愿意把爱车装扮成什么样子?
   A. 大众化　　　　B. 个性时尚化　　　　C. 功能丰富化　　　　D. 其他_____
8. 您选择汽车美容装饰企业时较为看重的是哪方面?
   A. 产品质量　　　　B. 服务态度　　　　C. 地理位置　　　　D. 价格合理
   E. 店面装修、管理　　　　F. 开店时间
9. 您觉得现在汽车美容装饰行业所欠缺的是什么?
   A. 服务质量　　　　B. 服务项目　　　　C. 创新　　　　D. 技术
10. 您认为一家汽车美容装饰公司要更好地发展,应该注重哪些方面?
    A. 服务　　　　B. 技术　　　　C. 价格　　　　D. 创新
    E. 品牌宣传推广
11. 您是否能接受汽车美容装饰服务企业办理会员的制度?
    A. 愿意　　　　B. 不愿意　　　　C. 不确定　　　　D. 看店内情况
12. 如果您到店做美容装饰,您最愿意等多长时间?
    A. 30 分钟内　　　　B. 一个小时　　　　C. 不超过半天　　　　D. 只要做得好,无所谓
13. 如果美容装饰项目需要时间较长,在店里等待时您愿意做什么?
    A. 选相关用品　　　　B. 休息区休息　　　　C. 休闲娱乐　　　　D. 了解更多项目
14. 您希望所去的美容装饰企业店面有什么样的装修设计?
    A. 简洁大方　　　　B. 高贵典雅　　　　C. 奢华艳丽　　　　D. 其他_____
15. 您在汽车美容装饰企业消费时最希望得到哪种优惠?
    A. 打折　　　　B. 赠送礼品　　　　C. 会员优惠　　　　D. 其他_____

非常感谢您的支持!祝您生活幸福美满!

(二) 设计调查问卷

汽车美容装饰市场客户调查问卷

任务3 市场调查

(一) 小组成员与分工

根据调查计划,各组对参与调查的人员进行分工,并写在表格内对应位置,见表2-9。

汽车美容装饰市场调查人员及分工　　　　　表2-9

角　色	姓　　　名	任　　　务
组长		
成员		
成员		
成员		
成员		
成员		
成员		
成员		

(二) 调查过程记录

1. 观察法调查

进入汽车美容装饰市场,运用观察法进行调查,将调查到的信息记录在下面方框内,也可将拍摄到的相关照片冲洗或打印后粘贴在下面的方框内。

2. 访谈法调查

运用访谈法进行调查,将调查到的信息记录在下面的方框内,也可将拍摄到的相关照片冲洗或打印后粘贴在下面的方框内。

3. 问卷调查

运用问卷法进行调查,并回收问卷。

任务4　撰写市场调查报告

撰写一份完整的汽车美容装饰市场调查报告,并将调查报告中"结论和建议"部分摘抄在下面的方框内。

_____市_____区汽车美容装饰市场调查报告

结论和建议

任务5 成果展示

利用课余时间分组制作市场调查成果展示PPT,课堂中每组推举1名代表结合PPT进行展示,时间控制在10min内。

1. 成果展示

提前将自己的展示思路、要点写在下面的方框内。

展示思路: 要点:

2. 教师提问

在下面方框内记录教师所提的问题,思考并写出回答。

问题: 回答:

项目评价

学习结束后,需要及时对学习效果进行评价。为体现评价结果的有效性,评价采用自评、互评和教师评相结合的方式,具体评价内容见表2-10。

项目二评价表   表2-10

能　　力	序号	评 价 内 容	分值	自评	互评	教师评
专业、方法能力 （60分）	1	知识准备充分、正确	5			
	2	调查计划制订科学、合理	10			
	3	调查问卷设计简洁、操作可行性强、问题清晰、内容合理	10			
	4	能合作并顺利完成结果真实、有效的调查任务	15			
	5	运用正确的方法完成数据、信息整理和分析，并撰写出符合规范的调查报告	10			
	6	PPT制作精美，陈述思路清晰，顺利完成成果展示	10			
综合能力 （40分）	7	有良好的团队分工及协作表现	5			
	8	学习态度端正，能做到实事求是	5			
	9	有良好的表达沟通、社交能力	10			
	10	运用规范的礼仪进行访谈、问卷调查	5			
	11	组织、纪律表现良好	5			
	12	遇到问题能进行思考，有较强的应变能力	10			
		合计	100			
		总评				
评语	自评： 签字： 互评： 签字： 教师评： 签字：					

项目拓展

列出在项目实施（市场调查）过程中你所收集到的竞争对手的信息。

_____
_____
_____
_____
_____

项目三 企业选址

项目描述

小王做完市场调查分析后,对当地的汽车美容装饰市场有了更加清晰的了解。接下来,小王需要进一步了解当地的街道布局及城市规划建设情况,以便做好选址工作。如果你是小王,应如何选址?选址时需要综合考虑哪些因素?

学习目标

(1)能够说出汽车美容装饰企业选址的策略和考虑因素;
(2)能够正确划分商圈区域、绘制商圈布局图、分析商圈布局情况;
(3)能够按照选址方法进行初步选址;
(4)能够撰写科学、有效、参考性强的选址分析报告;
(5)能够有效展示选址分析成果;
(6)能够进行有效合作,养成独立思考和认真观察的良好习惯。

建议学时

18学时。

学习引导

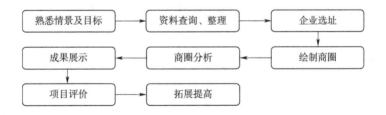

 知识准备

一、选址基本知识

(一)选址的定义

选址是指在项目建设之前,经过反复论证和科学决策,选择适宜的场地的过程。场地所在区域以及环境应满足项目的基本要求,如图3-1所示。

图3-1　某汽车美容装饰企业选址

(二)选址的重要性

(1)选址关系到公司的前景。

选址具有长期性、固定性等特点,一经确定,就需要投入大量的资金去租用或购买以及装修所选场地。当外部环境发生变化时,企业位置很难灵活地做出相应调整。因此,在选址时,自主创业者应充分考虑城市市政规划、公司规模增长等多方面的因素。

(2)选址是制订经营策略的依据。

不同的地区具有不同的社会环境、人口状况、交通条件、市政规划、地理环境等,它们决定了此地区企业的客户来源及特点,对企业经营服务项目确定、价格制订、经营策略选择等多方面有重要影响。

(3)选址影响企业的经营效益。

好的选址意味着企业能够享有"地利"优势。与同行进行比较,在规模、经营项目构成、经营服务水平基本相同的情况下,所处位置具有优势的重要性就显得尤为明显。

(4)好的选址能吸引更多客户。

企业选址要遵循"方便客户"的原则,以节省客户的交通时间,并最大限度地满足客户的需要。如果选址不合适,会导致对客户的吸引力不足,对企业的生存和发展都是不利的。

二、汽车美容装饰企业选址

(一)明确个人意向

在汽车美容装饰企业选址的实际操作中,首先要明确自己的意向和条件,例如:场地面积大小、主要经营项目、个人投资能力等。

(二)实地考察

到区域实地进行选址考察。选址考察过程中,需要综合考虑多方面的因素,见表3-1。

查阅资料或根据课堂上学习的内容,思考分析各因素对汽车美容装饰企业经营管理产生的影响,将其总结后写在表3-1第4列内。

汽车美容装饰企业选址因素及影响分析　　　　表3-1

序号	因素	描述	影响分析
1	交通因素	(1)交通便利、车流大； (2)临近主干道	
2	场地面积	(1)场地内部大小、结构、层高能确保各项目正常开展； (2)场地门口面积越大越好，至少能停4辆小汽车	
3	路段因素	(1)限制车速的路段，限速最好低于40km/h； (2)离红绿灯路口不能太近； (3)尽量不选择单行道路段； (4)车辆出入方便	
4	行业氛围	周围有合适数量且提供差异化产品及服务的汽车美容装饰企业，要有"气氛"	
5	区位因素	(1)靠近加油站、车管所、宾馆、汽车经销商、汽车美容装饰业务外包的4S店、写字楼群或高档住宅区等有利位置； (2)不能离大型汽配城、总批发商太近； (3)不能离建材市场、大型车辆修理、电焊等场所太近； (4)尽量选择无交通信号灯的路口、街道拐角处显眼位置，尽量不选择胡同等死角位置； (5)场地周围能做广告的位置越多、面积越大越好，最好能形成立体的宣传效果	
6	区域规划	结合选址位置，了解市政规划动向、政策，避免因拆迁改建和政府征用而带来的损失	
7	场地业主	(1)租金合理； (2)业主友善、易沟通	
8	地形、气候因素	(1)不选择过陡的上、下坡路段； (2)不选择与路面高差较大的场地； (3)不选择风力较大、地势较低易积水的位置	
9	光线、排水因素	(1)光线好，尽量不选择被大树、高楼等遮挡的位置； (2)排水设施完善或排水改造方便	

选址对汽车美容装饰自主创业的成败起着关键性作用,一般来说,以下3类地点是比较理想的汽车美容装饰企业选址:一是大型住宅区(尤其是高档商品房住宅区)周边的主干道旁;二是大型办公区或企事业单位集中地区周围的主干道旁;三是车流量比较大的公路、大型加油站和汽修店附近。

经过实地考察后,需要对该选址位置所覆盖的服务范围(商圈)进行分析,最终确定选址位置。

(三)商圈分析

1. 商圈的基本知识

1)商圈的定义

商圈是指以企业选址位置为中心,沿着一定的方向和距离扩展,能吸引消费者方便地前来消费或接受服务的有效范围。

任何一家汽车美容装饰企业的经营活动都受一定的地理条件的制约,这一地理限制就是以企业所在地点为中心,沿着一定的距离向四周扩展形成的辐射范围,即所谓的商圈。汽车美容装饰企业的商圈是指企业吸引其客户来到店里的地理区域,也就是来店消费的客户所居住或工作的地理范围。

2)商圈的组成

商圈由主要商圈、次级商圈和边缘商圈3部分组成。

(1)主要商圈。

主要商圈是接近店铺并拥有高密度顾客群的区域,通常店铺65%~80%的客户来自主要商圈,一般店铺的主要商圈半径为2km。由于汽车美容装饰企业的客户都是驾车而来,主要商圈的范围还会更大些,但具体到每一位投资者、每一家汽车美容店铺,这个主要商圈的范围大小也是有区别的,它与城市的规模和轿车保有量以及汽车美容装饰企业的规模、档次、服务内容、经营策略、宣传力度、次级商圈都有关系。所以,在思考主要商圈的经营设计方案时,这些因素都要考虑到。

(2)次级商圈。

次级商圈位于主要商圈与边缘商圈之间,是客户密度较低的区域。店铺辐射能力较弱,客户偶尔消费的概率较大,店铺20%~25%的客户来自次级商圈,次级商圈的半径约为5km。

(3)边缘商圈。

边缘商圈位于主要商圈的最外围,客户大都为偶然性、机遇性消费。企业对边缘商圈的吸引力较弱,规模较小的汽车美容装饰企业在此区域内的影响力接近于零。边缘商圈的半径为7km以上。

3)商圈的划分

可根据2km范围、道路分界(40m以上宽度、双向隔离)、铁路、高架桥、单行道等因素来划分不同的商圈。

2. 商圈分析的目的

(1)充分反映企业地理位置上的优缺点,如与居民区的距离、居民区内居民小汽车拥有量、交通便利程度、人流和车流量、进店的便利性等。

(2)针对商圈内的同业店确定竞争方案,分析能否在有同业店的商圈内开设店铺。

(3)获取客户的各种消费资讯,以便提供相应的服务。
(4)预测未来店铺的发展空间,以便提前做好发展规划。

3. 商圈分析方法

1)居民环境分析

判断一处选址是否合适,首先应判断其所在商圈的客户是否达到一定数量,且分布状况是否呈有序化。通过调查客户资源现状和客户资源发展趋势,来综合分析未来商圈的客户资源。

2)交通环境分析

通过了解初步选址位置的交通以及道路情况,可以深入研究店铺对于客户来说的可达性及方便程度。交通分析包括初步选址位置附近的车流量、交通拥堵程度,停车场数量、容量以及距离等。

3)行业环境分析

行业氛围是否良好决定汽车美容装饰企业人气是否旺盛和经营的成败,但同行店铺的过度密集又会导致竞争环境的恶化,给日后的经营带来威胁。我们必须了解周围的商业氛围,做到"知己知彼",方能"百战不殆"。行业环境分析主要包括市场环境分析、竞争对手剖析等。

4)消费者分析

消费者的消费能力是汽车美容装饰企业生存的基础,消费者的需求是一切经营活动的基础。我们必须深刻了解消费者的需求,制订出最贴近消费者的营销方案,使消费者的消费体验达到最佳。消费者分析主要包括调研消费者的需求、购买行为、消费习惯、对竞争店铺的评价等。

5)未来发展分析

通过开展以下 3 个方面的工作对未来进行预测:通过调查新建楼盘分析客户分布情况发展动向;通过调查新近商业机构预测商业发展;通过了解城市交通规划预测交通环境发展。

根据上述分析,综合评估商圈的成熟程度及发展潜力,最后结合实地调研所确定的初步选址方案,确定企业的最终选址位置。

 项目实施

任务1 企业选址

进行实地观察和调研,结合以下因素进行初步选址评估,见表3-2。

企业选址记录 表3-2

序号	因素	描述	评估
1	交通因素		
2	场地面积		
3	路段因素		

续上表

序 号	因 素	描 述	评 估
4	行业氛围		
5	区位因素		
6	区域规划		
7	场地业主		
8	地形、气候因素		
9	光线、排水因素		
10	其他因素		

任务2 商圈绘制

在下面的方框内绘制选址位置2km范围内的商圈图(标注街道、住宅区、商业广场、竞争同盟、异业联盟等主要组成部分)。

任务3 商圈分析

对商圈内的居住环境、交通环境、行业环境、消费者情况及未来发展进行分析,综合评估商圈的成熟程度及发展潜力,将分析结果写在下面的方框内。

商 圈 分 析

任务4 成果展示

利用课余时间分组制作选址成果展示 PPT,课堂中每组推举 1 名代表结合 PPT 进行展示,时间控制在 6min 内。

1. 成果展示

提前将自己的展示思路、要点写在下面方框内。

展示思路:

要点:

2. 教师提问

在下面方框内记录教师所提问题,思考并写出回答。

问题:

回答:

 项目评价

学习结束后,需要及时对学习效果进行评价,为体现评价结果的有效性,评价采用自评、互评和教师评相结合的方式,具体评价内容见表 3-3。

项目三评价表　　　　　　　　　　表3-3

能　　力	序号	评价内容	分值	自评	互评	教师评
专业、方法能力 (60分)	1	知识准备充分、正确	5			
	2	初步选址方法正确、考虑周全,选址位置合理、符合公司日常经营及长远发展需求	15			
	3	商圈绘制符合实际状况,商圈分析科学、合理	20			
	4	运用正确的方法完成数据、信息整理和分析,并撰写出符合规范的选址分析报告	10			
	5	PPT制作精美,陈述思路清晰,顺利完成成果展示	10			
综合能力 (40分)	6	有良好的团队分工及协作表现	5			
	7	学习态度端正,能做到实事求是	5			
	8	有良好的表达、沟通、社交能力	5			
	9	有较强的观察、思考能力	10			
	10	组织、纪律表现良好	5			
	11	有较好的绘图和文字编写能力	10			
		合计	100			
		总评				
评语		自评: 签字:				
		互评: 签字:				
		教师评: 签字:				

项目拓展

案例分析:

小李2010年进入汽车美容装饰行业工作,先后在汽车美容装饰技师、汽车用品销售和市场开发等岗位工作过。2016年,小李回到家乡,创办了自己的汽车美容装饰企业。由于选址不理想,1年后企业仍处于亏损状态。

经调查后发现店铺选址存在以下问题:

(1)店铺位于郊区,离市区较远;

(2)周边20余家修理厂都在经营导航、座套、坐垫、脚垫等汽车用品,生活超市门口也在销售汽车坐垫、座套等;

(3)距离大型汽配城较近,只有10min左右的路程;

(4)紧临大型车辆修理店,大型车辆进出频繁,门前停放的大型车辆较多;

(5)店铺位于下坡路段;

(6)所在城市连年干旱少雨,用水紧张。

认真阅读、思考案例中小李选址出现的问题,分析这些问题会对经营带来哪些影响,并写出具体应对措施,见表3-4。

选址案例分析　　　　　　　　　　　表3-4

问　　题	影　　响	应对措施
店铺位于郊区,离市区较远		
周边20余家修理厂都在经营导航、座套、坐垫、脚垫等汽车用品,生活超市门口也在销售汽车坐垫、座套等		
距离大型汽配城较近,只有10min左右的路程		
紧临大型车辆修理店,大型车辆进出频繁,门前停放的大型车辆较多		
店铺位于下坡路段		
所在城市连年干旱少雨,用水紧张		

项目四　创业计划

项目描述

　　小王做好了创业前的准备,想尽快启动创业项目,但启动资金不够。小王经过调查进一步了解到,选址位置处于大学生创业园区范围内,可以申请政府扶持资金支持,但需要提交一份完整的创业计划书。如果你是小王,应如何撰写这份创业计划书?

学习目标

（1）能够说出汽车美容装饰创业计划书的作用和内容;
（2）能够准确描述汽车美容装饰产品与服务的功能、特征及模式;
（3）能够运用SWOT分析法正确分析企业自身和竞争对手的发展态势;
（4）能够制订出科学、合理的企业发展规划;
（5）能够正确运用财务计划表进行财务预估;
（6）能够正确预估企业风险,并提出合理对策;
（7）能够进行有效合作,形成独立思考、认真分析总结的习惯。

建议学时

12学时。

学习引导

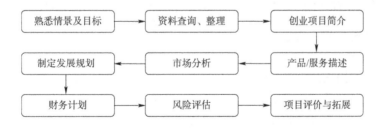

 知识准备

一、创业计划书的定义

　　创业计划书是创业者全面描述计划经营业务的书面材料,通过对创业项目内部和外部因素的调研、分析,全面展示公司和项目的目前状况、未来发展潜力以及项目的具体实施计划。创业计划书的质量,往往会直接决定创业发起人能否找到合作伙伴、获得资金及政策的支持。

二、创业计划书的作用

(一)是创业者自我评价和理清思路的"指南针"

创业者应该以认真的态度对自己所有的资源、已知的市场情况和初步的竞争策略做详尽的分析,并提出一个初步行动计划,通过撰写创业计划书做到使自己心中有数。另外,撰写创业计划书还是创业风险分析的必要手段。对初创的企业来说,一个酝酿中的项目,往往很模糊。通过撰写创业计划书,把正反理由都书写下来,然后逐条推敲,创业者就能对这一项目有更加清晰的认识。

(二)是创业者实施企业管理的"对照表"

一份好的创业计划书可以增强创业者的自信,使创业者明显感到更容易控制企业,对经营更有把握。因为创业计划分析了的现状和未来发展的方向,也为企业提供了良好的效益评价体系和管理监控指标。创业计划书使得创业者在创业实践中有章可循。

创业计划书通过描绘初创企业的发展前景和成长潜力,使管理层和员工对企业及个人的未来充满信心,并明确要从事什么项目和活动,从而使大家了解将要充当什么角色,完成什么工作,以及自己是否胜任这些工作。因此,创业计划书对于创业者吸引所需要的人才和凝聚人心具有重要作用。

(三)是创业者宣传及融资的"敲门砖"

创业计划书作为一份全方位的项目计划,它在对即将展开的创业项目进行可行性分析的过程中,也在向风险投资商、银行、客户和供应商宣传拟建的企业及其经营方式,包括企业的产品、营销、市场及人员、制度、管理等各个方面。创业计划书在一定程度上也是拟建企业对外进行宣传的文件。

一份完美的创业计划不但会增强创业者自己的信心,也会增强风险投资家、合作伙伴、员工、供应商、分销商对创业者的信心。而这些信心,正是初创企业走向成功的基础。

三、创业计划书的内容

(一)创业计划书的组成部分

汽车美容装饰创业计划书主要由项目简介、产品与服务、市场分析、竞争对手、发展规划、财务计划、风险及对策等组成,如图4-1所示。

各组成部分的具体内容见表4-1。

汽车美容装饰企业创业计划书具体内容　　　　表4-1

项　目	具体内容
项目简介	企业名称、企业性质、投资模式、企业法人、企业规模、企业位置、经营项目、组织架构、企业定位、经营理念等

续上表

项　目	具 体 内 容
产品与服务	产品概念、品牌、性能、特征、服务模式等
市场分析	市场定位、目标客户、市场预测、竞争分析、SWOT 分析、发展趋势、市场环境
竞争对手	SWOT 分析、应对策略
发展规划	企业发展战略
财务计划	启动资金及使用计划、融资计划、场地租金及装修费用、固定资产、月采购成本、薪酬计划、预计损益分析、资产负债分析
风险及对策	外部风险及对策、内部风险及对策

a) 封面　　　　　　　　b) 目录

图 4-1　汽车美容装饰创业计划书

(二) SWOT 分析方法

1. SWOT 分析的含义

SWOT 是一种战略分析方法,是基于内外部竞争环境和竞争条件下的态势分析。其中 S(Strengths)是优势、W(Weaknesses)是劣势、O(Opportunities)是机会、T(Threats)是威胁,如图 4-2 所示。

2. SWOT 分析

SWOT 分析也是一种企业内部分析方法,其中,S、W 是内部因素,O、T 是外部因素,如图 4-3 所示。通过 SWOT 分析后可清晰地把握企业全局,分析企业自身的优势与劣势,把握环境提供的机会,防范可能存在的风险与威胁,对企业发展有非常重要的意义。

图 4-2　SWOT 分析的含义

	内部因素	
	优势(S)	劣势(W)
外部因素 机会(O)	SO 依靠内部优势 利用外部机会	WO 克服内部劣势 利用外部机会
外部因素 威胁(T)	ST 依靠内部优势 回避外部威胁	WT 克服内部劣势 回避外部威胁

图 4-3　SWOT 分析模型

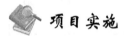

项目实施

任务　撰写创业计划书

按以下格式填写创业计划书封面。

```
                创业计划书
    企 业 名 称：_____
    创业者姓名：_____
    日       期：_____
    通 信 地 址：_____
    邮 政 编 码：_____
    电       话：_____
    传       真：_____
    电 子 邮 件：_____
```

一、创业者个人情况

相关工作经验和任职时间
教育背景、所学习的相关课程和学习时间

二、企业概况

对企业总体情况进行描述,见表 4-2。

企业概况 表4-2

企业名称	
企业性质	□有限责任公司　　□个人独资公司　　□合伙企业　　□其他_____
企业地址	
投资模式	□个人直接投资　　□加盟连锁
企业规模	
经营项目	
组织架构	
企业定位	
经营理念	
启动资金	
盈利模式	

三、产品与服务介绍

1. 产品与服务

写出企业提供的主要产品及服务项目,并描述产品功能或服务目的及其特色,见表4-3。

企业产品与服务介绍 表4-3

主要产品及服务项目	产品功能或服务目的	特　色

2. 产品与服务价位

了解市场其他企业同类产品及服务的价位情况,结合自己企业的实际状况,制定产品及服务的价位表,见表4-4。

企业产品与服务价位表　　　　　　　　　　　　　　表4-4

产品及服务项目	单位	单位成本(元)	同类产品及服务项目的市场价位(元)	价位(元)

3. 销售渠道

选择最适合的销售渠道,并说明选择该销售方式的原因以及与批发或零售商的合作方式,见表4-5。

销售渠道分析　　　　　　　　　　　　　　表4-5

销售渠道	□面向最终消费者　　□通过零售商　　□通过批发商
选择该销售方式的原因	
与批发/零售商合作方式	

4. 宣传推广

描述产品及服务项目的宣传推广方法,见表4-6。

宣传推广方式及内容　　　　　　　　　　　　表4-6

推广方式	主要内容
平面媒体	
网络推广	
组织活动	
……	

四、市场评估

1. 市场定位与目标客户(表4-7)

市场定位与目标客户分析表　　　　　　　　　　　　　表4-7

市场定位	
目标客户	

2. 市场份额预测

3. 竞争分析

1)市场竞争分析

2)竞争对手SWOT分析(表4-8)

竞争对手SWOT分析表　　　　　　　　　　　　　表4-8

S(优势)	W(劣势)
O(机会)	T(威胁)

4. 企业 SWOT 分析(表4-9)

表4-9　　　　　　　　　　　　　企业 SWOT 分析表

SO	WO
ST	WT

五、企业发展规划

六、财务计划

1. 启动资金及使用

预测启动资金要求情况,并对各项资金的金额使用进行说明,见表4-10。

启动资金总额及使用　　　　　　　　　　　　　表4-10

项　　目		金额和使用说明
预计启动资金需求总额		
资金使用	场地租金	
	装修改造	
	设备工具购买	
	产品采买	
	员工薪酬	
	水电	
	宣传推广	
	流动资金	
	其他	

2. 融资计划

根据启动资金需求,制订融资计划,见表4-11。

启动资金融资计划　　　　　　　　　　　　　表4-11

融资渠道	资金提供方	计划融资金额(万元)	融资期限	占比(%)
个人积蓄				
亲朋集资				
信用卡融资				
银行贷款				
政府扶持资金				
风险投资				

3. 预计损益(利润)

预测启动后第 1 年度的损益(利润)情况,见表 4-12。

第 1 年度损益(利润)预测表　　　　表 4-12

单位:元

项　目		1月	2月	3月	4月	5月	6月	7月	8月	9月	10月	11月	12月	合计
一、主营业务收入														
加:其他收入														
减:主营业务成本	生产采购成本													
营业税金及附加(按5.5%计算)														
变动销售费用	销售提成													
	工时费提成													
固定销售费用	宣传推广费													
管理费用	场地租金													
	员工薪酬													
	办公用品及耗材													
	水、电、交通差旅费													
	固定资产折旧													
	其他费用													
财务费用	利息支出													
二、利润总额														
减:所得税费用(按25%计算)														
三、净利润														

4. 现金流量预测

预测启动后第 1 年度的现金流量情况,见表 4-13。

第 1 年度现金流量预测表　　　　表 4-13

单位:元

项　目		1月	2月	3月	4月	5月	6月	7月	8月	9月	10月	11月	12月	总计
月初现金														
现金流入	现金销售收入													
	应收款收入													
	投入现金													
	借贷收入													
	其他现金收入													

续上表

项 目		1月	2月	3月	4月	5月	6月	7月	8月	9月	10月	11月	12月	总计
现金流入小计														
现金流出	生产/采购													
	销售提成													
	销售推广													
	工时费提成													
	税金													
	场地租金													
	员工固定工资													
	办公用品及耗材													
	水电、交通差旅费													
	固定资产													
	借贷还款支出													
	其他支出													
现金流出小计														
净现金流量														
月底现金余额														
备注		净现金流量是指一定时期内,现金流入(收入)减去流出(支出)的余额,反映出企业本期内净增加或净减少的现金												

七、风险及对策

预测经营过程中可能遇到的风险,并描述对相关风险的应对对策,见表4-14。

潜在风险分析　　　　　　　　　　表4-14

风　险	分　析	对　策
市场风险		
资金风险		
管理风险		
环境风险		
其他风险		

项目评价

学习结束后,需要及时对学习效果进行评价,为体现评价结果的有效性,评价采用自评、互评和教师评相结合的方式,具体评价内容见表4-15。

项目四评价表 表4-15

能力	序号	评价内容	分值	自评	互评	教师评
专业、方法能力（60分）	1	知识准备充分	5			
	2	准确描述产品与服务	10			
	3	会运用SWOT分析企业自身和竞争对手	15			
	4	制定出明确、科学、可行的发展规划	10			
	5	正确使用财务计划表制订财务计划	10			
	6	正确预估风险，给出合理的对策	10			
综合能力（40分）	7	有良好的团队分工及协作表现	5			
	8	能进行有效、独立的思考、分析和总结	15			
	9	纪律表现良好	10			
	10	根据事物本身及动向进行预测、预估的能力	10			
合计			100			
总评						
评语	自评： 签字：					
	互评： 签字：					
	教师评： 签字：					

项目拓展

查阅资料或到汽车美容装饰企业了解实际需求，据此在下面的方框内绘制汽车美容装饰企业日常运营财务管理表格。

项目五 企业登记

项目描述

小王经过市场调查、选址考察后,将公司位置选在当地汽车产业园内,并与园区管理委员会签订了场地租赁合同,接下来小王应如何去办理企业登记手续?

学习目标

(1)能够简要解读汽车美容装饰企业相关法律法规及政策内容;
(2)能够说出汽车美容装饰企业登记流程;
(3)能够科学、合理地确定企业类型;
(4)能够搜集到企业登记所需表格、资料;
(5)能够完成企业登记模拟操作任务;
(6)能够进行有效合作,养成独立思考、认真分析总结的习惯。

建议学时

12 学时。

学习引导

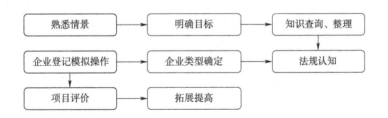

 知识准备

一、法律法规知识

创办经营汽车美容装饰企业,应熟知相关法律法规及政策(表 5-1),做到合法经营。

自主创业相关法律法规　　　　　　　　　　　　　　　　　　　　表5-1

类型	名称	基本内容
法律	中华人民共和国公司法	规定各类公司的设立、活动、解散及其他对外关系的法律规范的总称,是市场的主体法。鼓励投资创业;强化公司的自治;加强对债权人的保护;加强对中小股东利益的保护;强化公司社会责任和职工保护措施
	中华人民共和国税法	应纳税所得额、应纳税额、税收优惠、源泉扣缴、特别纳税调整、征收管理等
	中华人民共和国劳动法	促进就业、劳动合同和集体合同、工作时间和休息休假、工资、职业安全卫生、女职工和未成年工特殊保护、职业培训、社会保险和福利、劳动争议、监督检查等
	中华人民共和国会计法	会计核算、会计监督、会计机构和会计人员、法律责任等
	中华人民共和国安全生产法	安全生产保障、从业人员的安全生产权利和义务、安全生产的监督管理、生产安全事故的应急救援与调查处理、法律责任等
	中华人民共和国消防法	预防火灾和减少火灾危害,加强应急救援,保护人身、财产安全,维护公共安全
	中华人民共和国环境保护法	环境保护及防治责任、法律规定
法规政策	中华人民共和国机动车登记办法	机动车登记、管理、改装变更等规定
	机动车登记规定	
	中华人民共和国道路交通安全法实施条例	
	其他地方法规	地方机动车管理、行业管理等法规
	其他地方政策	地方机动车管理、行业管理等政策

二、企业类型知识

根据我国相关法律规定,大学生创业者可以选择个人独资、合伙企业、有限责任公司和股份有限公司等企业类型。不同的企业类型对注册资本有着不同的最低限额,创业者所承担的责任也有所不同,见表5-2。请查阅资料,总结完善空白处的内容。

4种不同类型的企业对比　　　　　　　　　　　　　　　　　　　　表5-2

项目	个人独资企业	合伙企业	有限责任公司	股份有限公司
描述				
优点				
缺点				
法律依据	中华人民共和国个人独资企业法	中华人民共和国合伙企业法	中华人民共和国公司法	中华人民共和国公司法

续上表

项 目	个人独资企业	合 伙 企 业	有限责任公司	股份有限公司
责任形式	无限责任	无限连带责任	有限责任	
投资者	完全民事行为能力的自然人		法人/自然人	
注册资本	投资者申报	协议约定	10万元以上	
出资形式	投资者申报	货币、实物、知识产权、土地使用等	货币、实物、知识产权、土地使用等	
出资评估	投资者决定	可协商确定或评估	必须委托评估机构	
财产权性质	投资者个人所有	合伙人共同共有	法人财产权	
财产管理使用	投资者	全体合伙人	公司机关	
出资转让	可继承	一致同意	股东过半数同意	
经营主体	投资者及其委托人	合伙人共同经营	股东不一定参加经营	
事务决定权	投资者个人	全体合伙人	股东会	
事务执行	投资者或其委托人	合伙人权利同等	公司机关,一般股东无权代表	
盈亏分担	投资者个人	约定;无约定则均分	投资比例	
解散程序	注销	注销	注销并公告	
解散后义务	5年内承担责任	5年内承担责任	无	

三、企业登记知识

(一)企业登记流程

企业登记流程、各流程注意事项及办理时所需资料见表5-3,具体以当地要求为准。

企业登记流程、所需资料及注意事项 表5-3

流 程	步骤(具体以当地为准)	所需资料	注意事项
确定企业类型	—	企业类型分析表	应根据个人状况、公司项目及定位合理确定企业类型
设计企业名称	—	—	(1)构成:行政区划+字号+行业+组织形式。 (2)原则:简洁准确、独到新颖、易读易记
名称预核准	工商咨询→领取、填写企业名称预先核准申请表→工商检索→核发《企业名称预先核准通知书》	身份证复印件、《企业名称预先核准申请书》	最好先准备好3~5个名字
道路运输经营许可办理	咨询道路运输管理局→领取、填写申请书→提交材料→现场审核、资料汇总→发放《行政许可受理通知书》→审批→发放《道路运输经营许可证》	身份证复印件、房屋合同及复印件、个人技术资格证(从业资格证)、《企业名称预先核准通知书》	(1)属登记注册前置审批手续。 (2)汽车美容装饰、改装、维护、车辆配件均属于道路运输行业管理处的管理范围之内,只要存在安装维修现场的经营行为就被纳入需要办理《道路运输经营许可证》的范围之内

续上表

流 程	步骤(具体以当地为准)	所需资料	注意事项
环评排污手续办理	咨询环保局→领取、填写申请表→所在地规划部门、街道办提出意见→提交申请表等资料→现场勘查→审批环评报告→环保配套设施、工程建设→现场验收→发放《排污许可证》	《建设项目环保申请登记表》《建设项目征求意见表》、房屋租赁合同、《企业名称预先核准通知书》	(1)对场地周围环境、场地面积、主要设备等有一定要求,具体咨询当地环评部门。 (2)需提交洗车项目工艺流程及过程中产生污水的排放措施,一般要求进行至少3级沉淀后循环使用或排入市政管网
登记注册	提交登记注册前置审批手续及其他材料→填写登记注册申请表→受理→发放"五证合一"营业执照	《企业名称预先核准通知书》《道路运输经营许可证》《排污许可证》《公司登记申请书》、身份证、有效的场地证明(租赁合同)等	—
银行开户	银行咨询→提交资料→办理开户许可→开户	营业执照及复印件、业主身份证及复印件、公章及财务专用章、房屋租赁合同等	—
城市管理许可	咨询城管部门→填写申请表→申请许可→外部设施、门头开工建设→现场验收	相关申请表	城管部门备案、许可公司的门头建设等外部设施

(二)证照办理

1. 营业执照

1)"五证合一、一照一码"登记制度

2016年6月30日,《国务院办公厅关于加快推进"五证合一、一照一码"登记制度改革的通知》(国办发〔2016〕53号)指出:在全面实施"三证合一"登记制度改革的基础上,实现"五证合一、一照一码",降低创业的制度性成本。

"五证"是营业执照、组织机构代码证、税务登记证、社会保险登记证和统计登记证的统称。"五证合一、一照一码"是指即营业执照的注册号、组织机构代码证号、税务登记证号、统计证号及社保登记证号统一为一个登记码(统一社会信用代码),标注在营业执照上,如图5-1所示。

2)"五证合一"营业执照办理流程

五证合一目前采取"一窗受理、一表申请、并联审批、一份证照"的流程,具体办理流程如下:

(1)申请人下载并打印《新设企业五证合一登记申请表》,填写相关申请内容;

(2)持打印并填写完成的申请表,前往当地工商局大厅多证合一窗口受理;

图5-1 "五证合一"营业执照

(3)由工商人员核对信息,确认资料无误后导入工商准入系统,生成工商注册号,并在"'五证合一'打证平台"生成各部门号码,补录相关信息;

(4)工商人员将企业材料扫描后,通过后台流转至质监、国税、地税、社保、统计5个部门,由5个部门分别完成后台信息录入,完成后打印载有一个证号的营业执照。

2. 排污许可证

排污许可证全称是"排放污染物许可证",具体办理流程应咨询当地环保部门,以当地实际情况为准,排污许可证示例如图5-2所示。

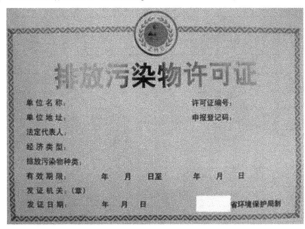

图5-2 环保排污许可证示例

3. 道路运输经营许可证

汽车美容装饰、改装、维护、车辆配件均属于道路运输行业管理处的管理范围之内,只要存在安装维修现场的经营行为就被纳入需要办理《道路运输经营许可证》的范围之内,而且该证的办理属于工商登记前置审批手续。具体办理流程应咨询当地环保部门,以当地实际情况为准,道路运输经营许可证如图5-3所示。

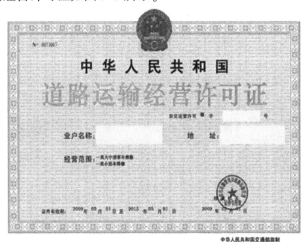

图5-3 道路运输经营许可证

4. 其他证照

若包含洗车项目,需办理《特种行业(洗车)经营许可》,办理机构是市容环境管理局办证中心及机动车冲洗管理处。另外,《用水许可证》需要到当地水务局申请办理,办理后相关部门会安装针对洗车行业另行计费的计量水表。

（三）企业登记申请表格（部分）

1. 企业名称预先核准申请书

《企业名称预先核准申请书》见表5-4，样表仅供参考。

企业名称预先核准申请书　　　　　　　　　　表5-4

	□企业设立名称预先核准			
申请企业名称				
备选企业字号	1.			
	2.			
	3.			
企业住所地	＿＿＿＿＿＿省(市/自治区)＿＿＿＿＿＿市(地区/盟/自治州) ＿＿＿＿＿＿县(自治县/旗/自治旗/市/区)			
注册资本(金)	＿＿＿＿＿万元		企业类型	
经营范围				
投资人	名称或姓名		证照号码	
	□已核准名称项目调整(投资人除外)			
已核准名称			通知书文号	
拟调整项目	原申请内容		拟调整内容	
	□已核准名称延期			
已核准名称			通知书文号	
原有效期			有效期延至	＿＿＿年＿＿＿月＿＿＿日
	指定代表或者共同委托代理人			
具体经办人姓名		身份证件号码		联系电话
授权期限	自　　年　　月　　日至　　年　　月　　日			
授权权限：1.同意□　不同意□　核对登记材料中的复印件并签署核对意见； 　　　　　2.同意□　不同意□　修改有关表格的填写错误； 　　　　　3.同意□　不同意□　领取《企业名称预先核准通知书》。				
（指定代表或委托代理人、具体经办人身份证件复印件粘贴处）				
申请人签字或盖章				年　月　日

2. 建设项目环保申请表

《建设项目环保申请表》见表 5-5,样表仅供参考。

建设项目环保申请表 表 5-5

建设单位名称(盖章)					
建设项目名称					
拟选建设地点(附图)					
法人代表		项目总投资(万元)		环保投资(万元)	
联系人姓名		联系电话			
主要建设内容、建设规模、占地面积等:					
主要工艺流程及拟采取的环保措施:					
主要设备名称,主要产品,原、辅材料名称及数量:					

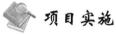

项目实施

任务1 法规认知

阅读《中华人民共和国机动车登记办法》《机动车登记规定》和《中华人民共和国道路交通安全法实施条例》,查找与汽车美容装饰企业经营管理规范相关的内容,简要摘抄在表 5-6 内对应位置。

汽车美容装饰企业经营管理相关法规认知记录表　　　　表5-6

法 规 名 称	与汽车美容装饰企业经营管理规范相关的内容
中华人民共和国机动车登记办法	
机动车登记规定	
中华人民共和国道路交通安全法实施条例	

任务2　企业类型确定

结合个人准备、市场调查报告、创业计划书、选址报告等实际情况进行综合分析,选择合适的企业类型(说明理由),同时查找资料,简要描述该类型企业的成分、法律规定内容、责任和义务,并简要写在表5-7内对应位置。

企业类型确定情况记录表　　　　表5-7

企业类型	理　　由	企业成分、法律规定内容、责任和义务

任务3　企业登记模拟操作

1. 表格、资料准备

各组填写并收集、整理《汽车美容装饰企业登记用表》及相关资料(打印好),将准备情况记录在表5-8内对应部位置。

表格、资料准备情况记录表　　　　　　　　　　　　　　　表5-8

用到的表格、相关材料	是否准备到位(打√)
	□到位　□不到位
	□到位　□不到位
	□到位　□不到位
	□到位　□不到位
	□到位　□不到位
	□到位　□不到位
	□到位　□不到位
	□到位　□不到位

2. 任务分工

通过组内讨论,完成角色分配和任务分配,并记录在表5-9内对应位置。

角色分配和任务分工记录表　　　　　　　　　　　　　　　表5-9

角　色	姓　名	任　务
法人		
工商工作人员		
道路运输工作人员		
环评工作人员		
银行工作人员		
城市管理工作人员		

3. 企业登记流程练习

各组根据表格、资料准备程度以及任务分工情况,合理设计工作内容,同时结合工作内容开展企业登记流程练习,并将相关情况记录在表 5-10 内对应位置。

企业登记流程练习情况记录表　　　　　　　　　　　　　表 5-10

流　程	设　计	不　足	改进建议
名称预核准			
道路运输经营许可办理			
环评排污手续办理			
登记注册			
银行开户			
城市管理许可办理			

项目评价

学习结束后,需要及时对学习效果进行评价,为体现评价结果的有效性,评价采用自评、互评和教师评相结合的方式,具体评价内容见表 5-11。

项目五评价表　　　　　　　　　　　　　表 5-11

能　力	序号	评价内容	分值	自评	互评	教师评
专业、方法能力 (60 分)	1	知识准备充分	5			
	2	正确、全面了解、解读相关法规	10			
	3	根据实际情况正确选择企业类型,并进行正确分析	10			
	4	快速、高效地填写所需表格、搜集资料	10			
	5	角色分工科学、合理	5			
	6	登记注册模拟操作符合实际过程,并有效完成	20			
综合能力 (40 分)	7	有良好的团队分工及协作表现	10			
	8	能进行有效、独立的思考、分析和总结	10			
	9	纪律表现良好	10			
	10	掌握有效搜集资料、信息的方法及渠道	10			
合计			100			
总评						

续上表

评语	自评： 签字：
	互评： 签字：
	教师评： 签字：

 项目拓展

一、企业装修设计

1. 店面设计

结合创业计划书中所涉及的产品、项目及服务，查阅资料，思考总结店面布局与装修设计的策略、方法及技巧。也可通过绘图和粘贴图片的形式完成。

2. 门头设计

结合企业名称、发展定位、产品及服务项目、选址位置等因素，设计一块自己企业的广告招牌。

二、开业活动策划

1. 开业准备事项

2. 开业活动流程

项目六 机构设置

项目描述

每个企业都要有合理的机构设置才能正常的运行,小王已经完成了一个中等规模的汽车美容装饰企业的装修和前期准备,现需成立内部的组织机构并制定相应的岗位职责,如果你是小王,你如何来对企业进行机构设置呢?

学习目标

(1)能够说出企业建立组织构架的好处;
(2)能够完成一个小型美容装饰企业的机构设置;
(3)能够编写岗位职责描述书;
(4)能够进行有效合作,形成独立思考和认真观察的良好习惯。

建议学时

12学时。

学习引导

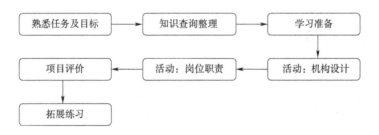

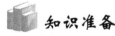 知识准备

一、组织构架的作用

对于汽车美容装饰企业而言,为了满足客户来店的需求,必须由一个群体来提供相关服务。而这个群体的工作,不但不能有所遗漏或重叠,更必须注重工作效率,以达到最佳的服务与营运目标。于是对这个群体事先做适当的安排是必要的,这就是组织。透过组织构架,员工可以了解以下信息:

(1)个人自身的工作权责及与同事工作之间的关系、权责划分;
(2)公司中对上司、对下属的关系、应遵循何人的指挥,必须向谁报告;
(3)员工升迁渠道,建立自己的事业目标。

由此建立团队,发挥最大的团队效益。

某企业的组织构架如图6-1所示,图中总工程师领导_____、_____部门,同时受_____领导。

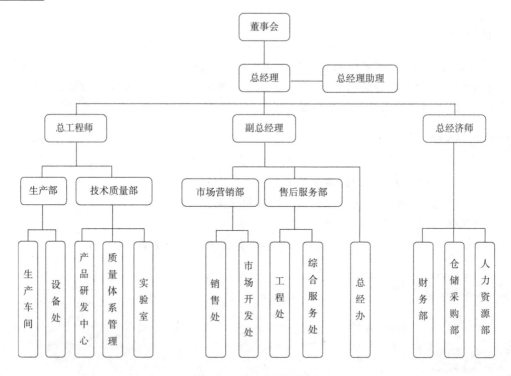

图6-1 某企业组织构架图

二、设计组织构架的目的

创建灵活的组织,动态地反映外在环境变化的要求,并在组织的成长过程中,有效地积累新的组织资源,同时协调好组织中部门与部门之间的关系、人员与人员的关系,使员工明确自己在组织中应有的权力和应承担的责任,有效地保证组织活动的开展是设计组织构架的目的。

三、组织构架设计的工作程序

企业内部的部门是承担某种职能模块的载体,按一定的原则把它们组合在一起,便表现为组织构架。

(一) 组织构架的影响因素

常见的组织构架的影响因素一般有企业环境、企业规模、各部门间信息沟通等几个方面。

1. 企业环境

企业面临的环境特点对组织构架中职权的划分和组织构架的稳定性有较大的影响。如果企业面临的环境复杂多变,有较大的不确定性,最好在划分权力时给中、下层管理人员较大的经营决策权和随机处理权,以增强企业对环境变动的适应能力。如果企业面临的环境是稳定的、可把握的,对生产经营的影响不太显著,则可以把管理权较多地集中在企业领导者手里,设计比较稳定的组织构架,实行程序化、规模化管理。

如图6-2所示,汽车美容装饰企业的生产环境属于_____的,因此在进行职权划分时应考虑_____。

2. 企业规模

一般而言,企业规模小,管理工作量小,管理服务的组织结构也相应简单;企业规模大,管理工作量大,需要设置的管理机构多,各机构间的关系也相对复杂。可以说,组织构架的规模和复杂性是随着企业规模的扩大而相应增长的。

如果我们自主创业开办一家汽车美容装饰企业,那么企业规模_____,管理工作量也相应_____,因此在设置机构的时候也应相应地_____。

当我们的汽车美容装饰企业发展达到一定规模,开始向连锁化发展的时候,那么企业规模_____,管理工作量也相应_____,因此在设置机构的时候也应相应地_____。

3. 信息沟通

信息沟通贯穿于管理活动的全过程,组织构架功能的大小,在很大程度上取决于它能否让相关人员获得足够的信息以及及时地利用信息。

总之,组织构架设计必须认真研究上述3个方面的影响因素,并与之保持相互衔接和相互协调,究竟侧重考虑哪个因素,应根据企业具体情况而定。对于一个较大的企业,其整体性的结构模式和局部性的结构模式可以是不同的。

(二)划分部门

如某大型连锁汽车美容装饰企业的经理将自己的企业划分为:财务、人力资源、市场开发、各下属分店等几个相对独立的部门。

如果你是该汽车美容装饰企业分店的店长,你会将分店划分为:_____、_____、_____、_____、_____等几个部门。

(三)组织机构设置

某汽车美容装饰企业的美容装饰部机构设置如图6-3所示。

图6-2 汽车美容装饰企业工作环境

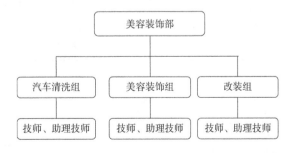

图6-3 某店美容装饰部机构设置

但是如果部门规模较小,也可以不需要部门构架,直接由部门负责人领导员工。举例说出,汽车美容装饰企业哪些部门可以不需要部门构架:＿＿＿＿＿＿＿。

(四)形成特定的组织构架

合适的组织构架,会有利于企业的管理及发展。随着企业发展及组织规模的扩张,组织构架也要相应改变来适应组织的发展。

四、岗位设计

在设计好组织构架以后,还需要对每一个部门内的具体岗位进行设计。岗位设计又称工作设计,是指根据组织需要,并兼顾个人的需要,规定每个岗位的任务、责任、权力以及组织中与其他岗位关系的过程。它把工作的内容、工作的资格条件和报酬结合起来,目的是满足员工和组织的需要。岗位设计主要是组织向其员工分配工作任务和职责的方式问题,岗位设计是否得当对于激发员工的积极性、提升员工的满意度以及提高工作绩效都有重大影响。

五、岗位设计的主要内容

岗位设计的主要内容包括工作内容、工作职责两个方面。

(一)工作内容

工作内容的设计是工作设计的重点,一般包括工作广度、深度、工作的完整性、工作的自主性4个方面:

1.工作的广度

工作的广度即工作的多样性,如果岗位工作内容设计得过于单一,会使员工容易感到枯燥和厌烦。因此在进行岗位工作内容设计时,尽量使工作的内容多样化,使员工在完成任务的过程中能进行不同的活动,保持对工作的兴趣。

2.工作的深度

设计的工作应具有从易到难的一定层次,对员工的工作技能提出不同程度的要求,从而增加工作的挑战性,锻炼员工的创造力和克服困难的能力。

3.工作的完整性

保证工作的完整性能使员工有成就感,即使员工的工作只是流水作业中的一个简单环节,也要让员工参与全过程,见到自己的工作成果,感受到自己工作的意义。

4.工作的自主性

适当的自主权力能增加员工的工作责任感,使员工感到自己受到了信任和重视。认识到自己工作的重要,使员工工作的责任心增强,工作的热情提高。

试分析,汽车美容师的工作应包括哪些内容才能达到以上目标,请填入表6-1。

工作内容分析表　　　　　　　　　　表6-1

工作内容设计	通过哪些工作内容可以实现
工作宽度	
工作广度	
工作完整性	
工作自主性	

(二) 工作职责

工作职责设计主要包括工作的责任、权力以及工作中的相互沟通和协作等方面。

1. 工作责任

工作责任就是员工在工作中应承担的职责及压力范围的界定,也就是工作负荷的设定。责任的界定要适度:工作负荷过低或无压力会导致员工行为轻率和低效;工作负荷过高或压力过大又会影响员工的身心健康,会导致员工的抱怨和抵触。

2. 工作权力

权力与责任是对应的,责任越大则权力范围应越广,否则两者脱节,会影响员工的工作积极性。

3. 相互沟通

沟通是一个信息交流的过程,是整个工作流程顺利进行的信息基础,包括垂直沟通,平行沟通,斜向沟通等形式。

4. 协作

整个组织是有机联系的整体,是由若干个相互联系又相互制约的环节构成的,每个环节的变化都会影响其他环节以及整个组织运行,因此各环节之间必须相互合作、相互制约。

试分析汽车美容师的工作责任、权力以及需要与谁沟通、协作,并填入表6-2。

工作职责表　　　　　　　　　　　　　　　　表6-2

工作职责设计	工作职责要求
责任	
权力	
沟通	
协作	

六、岗位职责描述书的编写

(一) 岗位职责描述书应包含的内容

岗位职责描述书应包含:
(1) 岗位名称;
(2) 所属部门;
(3) 上级岗位;
(4) 工作目的;
(5) 岗位职责。

试分析汽车美容装饰用品销售顾问的岗位职责描述书应包含哪些内容,请填入表6-3。

岗位职责描述书　　　　　　　　　　　　　　　　表6-3

岗位名称	
所属部门	
上级部门/岗位	
工作目的	
工作职责	

(二)岗位职责描述书编写应注意的事项

编写岗位职责描述书时应注意：

(1)岗位职责描述书的内容要化繁为简；

(2)岗位职责描述书要运用规范用语,字迹清晰,语言明确；

(3)岗位职责描述书要运用各企业内部统一的格式书写。

(三)岗位职责描述书范例

岗位职责描述范例见表6-4。

岗位职责描述书范例　　　　　　　　　　　　　　表6-4

岗位名称:行政店长
所属部门:董事会直属
上级部门/岗位:汽车美容装饰企业董事会
工作目的:负责本店管理工作
工作责任： (1)制定各项管理制度,并贯彻落实； (2)制订各项工作计划,并督促员工遵守执行； (3)制订并实施广告宣传计划及售后服务措施； (4)建立工资与效益挂钩的激励机制； (5)负责招聘、培训员工,协调日常工作； (6)定期检查各部门工作情况,发现问题及时解决； (7)对部门间的工作进行协调； (8)定期统计财务状况及盈亏状况

项目实施

任务1　汽车美容装饰企业组织构架设计

小组讨论,并按照组织构架的设计方法,分析自主创业的汽车美容装饰企业需要建立哪些部门,按照图6-4所示框架列出,并说出设计原因。

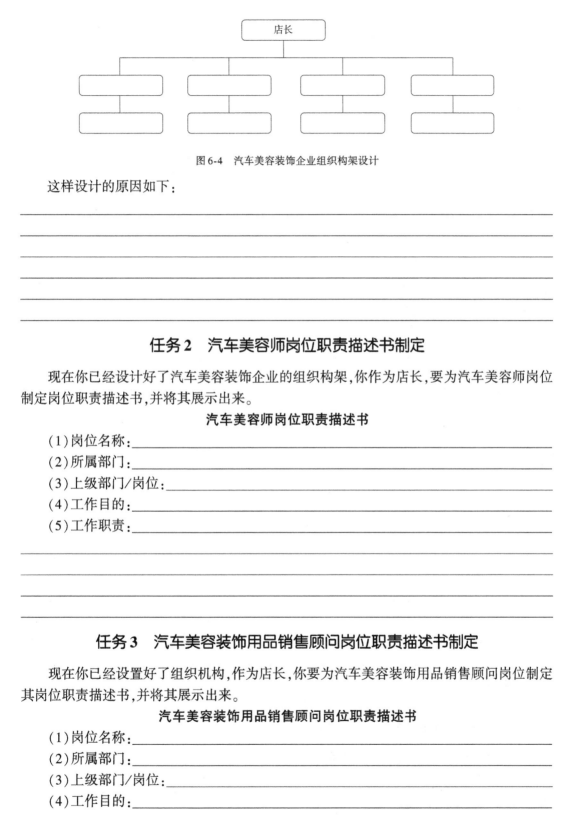

图 6-4　汽车美容装饰企业组织构架设计

这样设计的原因如下：
_____
_____
_____
_____
_____
_____

任务 2　汽车美容师岗位职责描述书制定

现在你已经设计好了汽车美容装饰企业的组织构架，你作为店长，要为汽车美容师岗位制定岗位职责描述书，并将其展示出来。

汽车美容师岗位职责描述书

(1)岗位名称：_____
(2)所属部门：_____
(3)上级部门/岗位：_____
(4)工作目的：_____
(5)工作职责：_____
_____
_____
_____
_____

任务 3　汽车美容装饰用品销售顾问岗位职责描述书制定

现在你已经设置好了组织机构，作为店长，你要为汽车美容装饰用品销售顾问岗位制定其岗位职责描述书，并将其展示出来。

汽车美容装饰用品销售顾问岗位职责描述书

(1)岗位名称：_____
(2)所属部门：_____
(3)上级部门/岗位：_____
(4)工作目的：_____

(5)工作职责：_____

_____

_____

_____

项目评价

学习结束后，需要及时对学习效果进行评价，为体现评价结果的有效性，评价采用自评、互评和教师评相结合的方式，具体评价内容见表6-5。

项目六评价表　　　　　　　　　　　　　　　　表6-5

能　力	序号	评价内容	分值	自评	互评	教师评
专业、方法能力 （70分）	1	知识准备充分、正确	13			
	2	在小组讨论过程中积极参与并引导讨论	15			
	3	组织机构设计的完整度	10			
	4	编制《岗位职责描述书》的完整度	12			
	5	活动内容填写的完整度	10			
	6	为小组提供有价值的意见或建议	10			
综合能力 （30分）	7	有良好的团队分工及协作表现	10			
	8	有良好的表达沟通能力	10			
	9	纪律表现良好	10			
合计			100			
总评						
评语	自评： 签字：					
	互评： 签字：					
	教师评： 签字：					

项目拓展

一、部门职责范围描述书的编写

一个完整的部门职责范围描述书包括：

(1)部门名称；

(2)直接上级；

(3)下属部门/岗位；

(4)核心职能；

(5)主要职责；

(6)次要职责；

(7)横向协作。

在网络上查阅相关资料,并根据小组讨论出的组织构架图,挑选其中一个部门,编写其部门职责范围描述书,格式不限。

_____
_____
_____
_____
_____
_____
_____
_____
_____
_____

二、岗位职责描述书的编写

各小组已经完成了汽车美容师和汽车美容装饰用品销售顾问岗位的《岗位职责描述书》。现自行查阅财务岗位的相关知识,并完成财务岗位的《岗位职责描述书》。

财务岗位职责描述书

(1)岗位名称：_____

(2)所属部门：_____

(3)上级岗位：_____

(4)工作目的：_____

(5)工作职责：_____

_____
_____
_____
_____
_____
_____
_____
_____

项目七　人力资源管理

项目描述

在设计出组织构架,并为每一个岗位设计出岗位职责后,还必须有合理的人力资源管理才可以提高客户的满意度及企业的竞争力。小王如何对自主创业的店面进行人力资源管理呢?

学习目标

(1)能够有效实施人员招聘;
(2)能够为员工制定合理的培训内容;
(3)能够制定合适的员工考核机制;
(4)能够制定合理的薪酬管理制度;
(5)能够进行有效合作,形成独立思考和认真观察的良好习惯。

建议学时

12学时。

学习引导

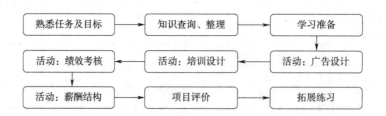

 知识准备

人力资源管理分为:人员招聘与培训管理、岗位设计与培训、薪酬管理、绩效管理、劳动关系管理以及人力资源规划等。

一、招聘及录用流程

招聘及录用流程如图 7-1 所示。

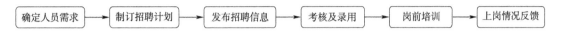

图 7-1 招聘及录用流程

(一)确定人员需求

岗位需求由部门提出申请。部门经理向人力资源部门提出所需人数、岗位、要求,并解释理由;由人力资源部门进行审核。

在小型汽车美容装饰企业中,往往没有单独的人力资源部门,你认为由_____来兼任人力资源的工作最合适?

原因是:_____
_____

(二)制订招聘计划

在人力资源部门审核用人申请后,再提交给公司高层,并由公司高层制订招聘计划。招聘计划应包括:

(1)确定招聘的岗位名称和所需的人数;
(2)岗位的基本要求及条件限制,例如职位要求的学历、年龄、能力和经验等;
(3)所有招聘岗位的基本工资和预算工资的核定。

思考:你刚创建的汽车美容装饰企业车间预计会有 6 个工位,请制订招聘计划(本课程中不涉及待遇问题),见表 7-1。

招聘计划表   表 7-1

岗位名称	所需人数	学历、年龄、经验等要求	待遇
车间主任			—
汽车美容师			—
助理汽车美容师			—

(三)发布招聘信息

通过不同的招聘渠道,发布招聘信息。

(四)考核及录用

考核常用的方式有笔试及面试等。

(五)岗前培训

岗前培训是新员工入职前必需的一个程序,具体的实施方法详见"人员培训的内容"部分。

（六）上岗情况反馈

上岗后，根据公司考核要求，对新员工进行考核，对符合要求的，办理转正手续。

二、招聘方式

（一）通过新闻媒介发布招聘信息

招聘信息应包括：

（1）招聘的职位名称和所需的人数；

（2）岗位的基本要求即资格及条件限制，比如该职位所要求的学历、年龄、能力和经验等，如图7-2、图7-3所示；

（3）所有招聘职位的待遇。

图7-2　常见招聘海报　　　　　　　图7-3　某招聘网站界面

（二）通过人才市场设点招聘

到当地人才市场进行招聘，如图7-4所示。

（三）通过校园招聘会招聘

每年的6、7月份是各学校的学生毕业季，可到学校参加专场招聘会，招聘应届毕业生，如图7-5所示。

图7-4　某地人才市场　　　　　　　图7-5　某校园招聘

（四）通过中介企业寻找

将所需招聘信息交给人力资源中介，由人力资源中介进行人才推荐。

(五)通过与教育机构联合培养

可与学校建立深层的合作关系,以开设定向班等方式定向培养人才。

查阅相关资料,写出几种常见的校企合作的形式:＿＿＿＿＿＿＿＿＿＿＿＿＿＿。

三、招聘广告应包含内容

(一)公司标志及名称

查阅资料,写出几个常见汽车美容装饰连锁企业的名称。

_____
_____
_____
_____
_____

(二)企业简介

企业简介范例如下。

云南某汽车服务连锁企业简介

云南×××汽车服务连锁企业成立于2006年3月,是一家以技术创新为源泉、以品牌建设为核心的汽车快修加盟连锁企业。

企业成立以来,先后从美国、日本等国家引进先进的车身划伤破损修复、玻璃局部破损修复及车身免喷涂凹陷修复等技术,取得了客户的一致认可,并得到业界的高度赞扬。

企业发展多年以来,以最先进的技术和最优质的服务致力于推动国内汽车快修行业的发展,引领国内汽车快修行业技术创新与研发,成功晋升为××地区汽车快修第一品牌。

企业一贯注重企业文化的打造,坚持以企业文化引导人,以企业文化激励人。始终秉承"专业、诚信、高效、共赢"的企业理念,凭着勤奋、务实、创新的工作作风,诚信为本的经营理念,企业逐步走向标准化、流程化、连锁化。

假如你是一个汽车美容装饰企业的店长,请参考该企业简介范例,为自己的汽车美容装饰企业撰写简介。

_____
_____
_____
_____
_____

(三)招聘岗位名称、人数及要求(学历、年龄、能力、工作经验等)

如果招聘岗位是汽车美容装饰用品销售顾问,那么其能力要求应该包括:＿＿＿＿＿＿

_____
_____
_____
_____

（四）公司联系方式

联系方式通常包括公司电话、公司地址、店长的名字及电话、电子邮箱等。

四、人员面试应考察的内容

（一）礼仪及个人修养

可通过面试时观察求职者的礼仪、谈吐来了解其个人的修养如何。

请思考：面试时，如何通过礼仪规范展现自己的修养，填写表7-2。

个人修养分析表　　　　　　　　　　表7-2

展现修养的角度	如何才能展现良好的修养及仪容仪表
动作	
站姿	
坐姿	
走姿	
用语	

（二）职业观

可通过向求职者提问相关的问题，如对本职业的看法、对本岗位的认识、对薪酬的态度等来了解其职业观。

谈谈你对汽车美容师岗位的认识：_____
_____
_____
_____

（三）求职动机及薪酬期望

可进行提问以了解求职者的求职动机，常见的问题如：为何要加入本公司、为何要辞去上一个职务、如果入职希望得到多少薪酬等。

（四）工作经验与工作态度

可设定一些工作场景并提问，通过求职者的回答来判断其工作态度。如：对加班的看法、对上下级关系的看法等。

各小组讨论，融洽的上下级关系应该是怎样的：_____
_____
_____
_____

（五）专业知识

说出汽车美容装饰用品销售顾问、汽车美容师、收银员分别需要掌握哪些专业知识，填写表7-3。

岗位所需专业知识　　　　　　　　　表7-3

岗　　位	需要掌握哪些专业知识
汽车美容装饰用品销售顾问	
汽车美容师	
收银员	

(六) 沟通能力

可通过向求职者提问如何处理与客户的冲突、如何处理与同事的冲突等来了解求职者的沟通能力。

(七) 时间观念及纪律观念

可通过观察求职者到达面试地点的时间来判断其是否具有时间观念,也可让求职者谈谈对企业的纪律制度及考勤制度的理解来判断其纪律观念。

五、人员培训的内容

(一) 入职培训

入职培训是为了让新员工具备基本的知识、技术和素质,适应岗位、企业文化而进行的培训,如图7-6所示。

(二) 工作流程及专业技能培训

工作流程及专业技能培训是为帮助员工熟悉工作流程,同时也帮助员工提升自己的专业技能而组织的培训。如助理汽车美容师需要培训镀膜流程、汽车装饰美容用品销售顾问需要培训销售流程等,如图7-7所示。

图7-6　企业入职培训现场

图7-7　汽车美容企业进行专业技能培训

(三) 新产品探索及新生产工具使用的培训

此类培训是为使员工熟悉新产品及新型生产工具、提高生产效率而进行的培训。

小组讨论汽车美容装饰企业有可能引进哪些新型工具及产品:_____

_____

_____

_____

(四)培训成效评价

为了解培训是否达到预期目的,在培训结束后一般还需要进行对培训成效的评价,评价的方法有理论考试、实操考试、问卷调查等,评价时要依据培训初期设定的培训目标来进行。

某汽车美容装饰企业需要对汽车美容普工进行一次洗车流程的培训,请小组讨论本次培训应该设计什么目标,应该如何进行培训成效评价:_____
_____
_____
_____
_____

六、绩效管理制度

绩效管理是企业人力资源管理的核心职能之一,科学、公正、务实的绩效管理是提高员工积极性和企业生产效率的有效手段,也是提高企业竞争力、保证企业目标的顺利达成并在企业形成奖优罚劣氛围的必要措施。

(1)绩效管理的核心是保证企业目标和使命的实现,有利于组织和员工的发展。

(2)绩效考核是绩效管理的重要内容,绩效考核是指用系统的方法、原理,评定员工在岗位上的工作行为和工作效果。

(3)考核的最终目的是改善员工的工作表现,在达到企业的经营目标的同时提高员工的满意程度和成就感。

(4)考核的结果主要用于报酬管理、职务调整、工作反馈、工作改进、组织发展和员工发展。

七、考核的原则

(一)一致性

在短时间之内,考核的内容和标准不能有大的变化,至少应保持 1 年之内考核的方法具有一致性。

小王是一家新开的汽车美容装饰企业的店长,他为车间制定了一份考核标准,但是 1 个月内就有很多汽车美容师向他反映考核方法存在各种各样的问题。那么,小王应该怎么处理?_____
_____
_____
_____

(二)客观性

考核要客观地反映员工的实际情况,尽量减少个人关系亲疏不同、偏见等带来的误差。

(三)公平性

对于同一岗位的员工使用相同的考核标准。

汽车美容师和汽车美容普工都属于车间岗位,那么应该使用相同的考核标准吗?请写下你的看法。_____

_____

_____

_____

(四)公开性

员工要知道自己的详细考核结果。

思考:考核结果应该公布还是只应该让员工自己知道,许多人对此持有不同的意见,请写下你的看法。_____

_____

_____

_____

八、绩效考核管理制度

(一)考核内容

(1)工作态度(如考勤情况、是否能遵守企业规章制度、是否能按时完成工作等);

(2)工作业绩(如月产值、单台产值等);

(3)工作能力(如月接车辆数、月车辆贴膜辆数等)。

试分析,汽车美容装饰用品销售顾问的工作业绩考核应包括哪些内容:_____

_____

_____

_____

(二)考核等级

一般可分为:优秀、良好、合格、不合格4个等级,但也可根据企业实际情况对考核进行分级。

(三)考核结果应用

1. 晋升

在晋升职务时,可以优先推荐考核结果为优秀的员工晋升。

2. 奖励

在员工考核结果为优秀或者良好时,可以根据效益情况给予年终奖或者季度奖等一次性奖励或者对其增加薪酬。

3. 调整

如员工考核结果被评定为不合格时,主管领导应向考评人提出诫勉、鼓励等措施。且该年度无法参与晋升、增加薪酬,视其情况调整岗位或者降职。

九、薪酬管理制度

(一) 薪酬的结构

汽车美容装饰企业的薪酬结构一般为:基本工资 + 产值提成 + 奖金。

1. 基本工资

基本工资对员工来说是基本生活保障的一部分。

2. 产值提成

产值提成是员工月产值(月产值是一个月内员工工作量的总价值)按照一定的比例进行的提成,也是薪酬的主要组成部分之一。

3. 奖金

奖金分为考勤奖金、目标完成奖金、红包等。

小组讨论,汽车美容装饰用品销售顾问的产值提成应如何计算:_____
_____
_____
_____
_____

(二) 如何设计薪酬

1. 职位分析及评价

店长要分析各岗位的岗位职责及工作内容,并且根据岗位职责及工作内容确定该岗位在企业内的重要性,并依据其重要程度确定薪酬。

2. 薪酬调查

店长不仅要依据岗位的重要性来确定薪酬,还要对该地区同类企业的薪酬进行调查,才能保证薪酬的合理性。

(三) 薪酬的实施及调整

薪酬制度一旦确定就要有效实施推广,以发挥其作用。同时还应根据企业效益,市场变化进行不断的调整和完善。

同时,根据前书中提到的绩效考核及考核结果的应用,对业绩突出的员工进行薪酬奖励,对业绩不合格的员工进行适当的处罚。

请通过在网络查阅相关资料或进行实地调研,了解学校所在地区汽车美容师的月薪酬区间:_____
_____
_____
_____

项目实施

任务1　编写招聘广告

假如你是店长,请编写一则招聘汽车美容师的报纸招聘广告,招聘要求及其他内容可以自行设置。

招 聘 广 告

在你发布招聘广告后,有许多求职者到店里进行应聘,请设计至少 5 个问题对这些求职者进行面试,并说出如此设计的理由。

任务2　设计培训内容

小组讨论:为汽车美容师及新加入公司的助理汽车美容师、汽车装饰与美容用品销售顾问3种岗位的员工分别设计至少3个合适的培训内容,并说明理由。

汽车美容师:
_____
_____
_____
_____
_____
_____
_____
_____

助理汽车美容师:
_____
_____
_____
_____
_____
_____
_____
_____

汽车美容装饰用品销售顾问:
_____
_____
_____
_____
_____
_____
_____
_____

任务3　制定绩效考核办法

各小组讨论,你作为店长,对汽车美容装饰用品销售顾问及汽车美容师岗位应该依据哪些方面来进行绩效考核?

汽车美容装饰用品销售顾问:
_____
_____
_____
_____
_____

汽车美容师:
_____
_____
_____
_____
_____
_____

任务4　制定薪酬管理制度

根据任务3中讨论出的绩效考核内容,制定汽车美容师及汽车美容装饰用品销售顾问两个岗位的薪酬结构。

汽车美容装饰用品销售顾问:
_____
_____
_____
_____
_____

汽车美容师:
_____
_____
_____
_____
_____
_____

项目评价

学习结束后,需要及时对学习效果进行评价,为体现评价结果的有效性,评价采用自评、互评和教师评相结合的方式,具体评价内容见表7-4。

项目七评价表　　　　　　　　　　　　　　　　　　表7-4

能力	序号	评价内容	分值	自评	互评	教师评
专业、方法能力（60分）	1	在小组讨论过程中积极引导讨论	10			
	2	广告设计的完整性	10			
	3	面试提问内容的正确性	10			
	4	岗位培训内容的正确性	10			
	5	绩效考核设计的正确性	10			
	6	薪酬结构设计的正确性	10			
综合能力（40分）	7	有良好的团队分工及协作表现	15			
	8	有良好的表达沟通能力	10			
	9	纪律表现良好	15			
合计			100			
总评						
评语	自评： 签字： 互评： 签字： 教师评： 签字：					

 项目拓展

新招聘的助理汽车美容师现在已经工作一段时间,请你为这些助理汽车美容师设计1

天的专业知识培训内容,并设计出培训的思路。最后选取一部分内容,派代表为全班同学做 15min 的一个小培训。

1 天的培训内容:

培训思路:

项目八 设备采购及管理

项目描述

俗话说：工欲善其事，必先利其器。适合的、状态良好的设备，可以使汽车美容装饰企业车间的生产效率提高、生产成本降低。你作为汽车美容装饰企业的店长，如何才能有效地进行设备管理呢？

学习目标

(1)能够说出设备采购流程；
(2)能够验收及安装生产设备；
(3)能够制定相关设备管理制度；
(4)能够对设备进行合理的维护；
(5)能够进行有效合作，形成独立思考和认真观察的良好习惯。

建议学时

18 学时。

学习引导

 知识准备

一、设备采购流程

(一)由汽车美容车间提出采购申请计划

如果汽车美容师在实际生产工作中，发现生产工具及设备有不足或需要更新的情况，则应告知生产车间主管，由生产车间主管提出设备采购申请报告。

申请报告应包括：
(1) 申请原因；
(2) 设备名称；
(3) 设备品牌及型号；
(4) 相关配置参数；
(5) 设备单价及总价预算。

某汽车美容装饰企业的设备采购申请计划见表8-1。

设备采购申请表范例　　　　　　　　　　　　　　　表8-1

××汽车美容装饰有限公司设备采购申请表							
申请部门		装饰车间	申请时间	年　月　日		申请人	
申请原因：因车间扩产，新增一个汽车精洗小组，因此需要为该小组购置一批生产工具							
序号	设备名称	数量	设备型号	设备参数		单价(元)	总价(元)
1	汽车精洗组合鼓	1		水+电+气+水气+高压水。水管长度：11~20m(含)		6000	6000
2	洗车排水网格板	2		玻璃钢格栅。单格尺寸：38mm×38mm×38mm。组合尺寸：6m×3m，共18m²。颜色：黄色		4000	80000
3	工具柜	2		不锈钢。规格：800×450.5×950(mm)。包装：2件/台		800	1600
4	空气压缩机	1		匹配功率：3600W。转速：1400r/min。容积流量：600L/min。额定压力：0.7MPa。整机质量：120kg。外形尺寸：116mm×52.5mm×83.5mm		4800	4800
5	……	……	……	……		……	……
6	……	……	……	……		……	……
合计(元)							

表8-1中仅列出4种汽车精洗需要的工具，请根据实际需要，补充其他几种设备和工具。

_____
_____
_____
_____

(二) 调研、询价

店长在收到采购计划后，首先要对采购计划进行调研，确定该计划确实需要购买或者更新，然后到市场上寻找多个设备供应商进行询价。

试讨论，可以通过哪些方法进行市场询价：_____
_____
_____
_____

(三) 比价、议价

在向多家设备供应商询价后,比价并确定至少 3 家供应商,与其议价,最后对议价结果进行对比。请思考并在网络中查询议价谈判相关知识。

比价其实并不只是单纯地对比价格。请写出在设备采购时,还需要对比的其他内容:

_____
_____
_____
_____

(四) 定价

通过对议价结果的对比分析,确定供应商及价格。

确定供应商及价格时,一定要注意供应设备的参数是否与自己的需要相符,避免发生价格便宜但参数不正确的情况。

(五) 与供应商签订采购合同

采购合同应包括:设备的品种、规格和数量、设备的质量和包装、设备的价格和结算方式、交货期限、地点和发送方式、设备验收办法、违约责任、合同的变更和解除的条件等。采购合同范例如下。

×××采购合同

甲方(采购单位):_____ 电话:_____
乙方(供货单位):_____ 电话:_____
甲乙双方于_____年_____月_____日协商一致,订立本合同,供双方共同遵守。

第一条　甲方采购的物品内容和成交价格

设 备 名 称	数量	设备型号	设 备 参 数	单价(元)	总价(元)

合计_____元(大写:_____元)。
甲方不再另付任何费用。

第二条　物品的质量技术标准,乙方售后服务及损害赔偿

(1)物品的质量技术标准按国家法律法规规定的标准、甲方所要求的技术标准执行。

(2)乙方应按生产厂家保修规定的服务承诺做好保修等免费服务。但正常合理的损耗应由甲方承担。

(3)乙方售后服务响应时间:24h。否则,甲方可自行组织维修,费用由乙方承担,甲方可在货款和其他应付乙方的款项中扣除。

(4)如因乙方物品质量原因给甲方带来损失,乙方应予以赔偿。

第三条　交付和验收

(1)交付时间：_____。交付地点：_____。

(2)乙方负责物品的运送、安装、调试、负责基本操作培训等工作，直至该物品可以正常使用为止；负责提供物品的使用说明等相关资料；承担由此产生的全部费用。

(3)验收时间：甲方必须于乙方提出验收申请后_____个工作日内组织验收。甲方验收合格后应当出具验收报告。

(4)验收标准。

①单证齐全：应有产品合格证(或质量证明)、使用说明、保修证明、发票和其他应具有的单证。

②质量符合国家法律法规规定以及招标和投标文件的要求。

第四条　货款的结算

(1)结算依据：采购合同、乙方销售发票、甲方出具的验收报告。

(2)结算方式：_____(现金、支票等)。

第五条　乙方的违约责任

(1)乙方不能交货的，甲方不向乙方付款。乙方应向甲方偿付相当于不能交货部分货款的10%的违约金。

(2)乙方所交物品品种、数量、规格、质量不符合国家法律法规和合同规定的，由乙方负责保修、包换或退货，并承担由此而支付的实际费用。

(3)乙方逾期交货的，按逾期交货部分货款计算，向甲方偿付每日_____%的违约金，并赔偿甲方因此所受的损失。

第六条　甲方的违约责任

(1)甲方逾期付款的，应按照每日_____%的比例向乙方偿付逾期付款的违约金。

(2)甲方违反合同规定拒绝接货的，应当承担由此对乙方造成的损失。

第七条　不可抗力

甲乙双方任何一方由于不可抗力原因不能履行合同时，应及时向对方通报不能履行或不能完全履行合同的理由，以减轻可能给对方造成的损失。在取得有关机构证明后，允许延期履行、部分履行或不履行合同，并根据情况可部分或全部免予承担违约责任。

第八条　争议的解决

(1)因货物的质量问题发生争议，由符合法律及有关规章要求的技术单位进行质量鉴定，双方无条件服从鉴定的结论。

(2)执行本合同发生纠纷，当事人双方应当及时协商解决，协商不成时，任何一方均可向合同签订地人民法院提起诉讼。

第九条　无效合同

甲乙双方如因违反相关法律法规的规定，被宣告合同无效的，一切责任概由过错方自行承担。

第十条　附则

(1)本合同一式两份，甲方、乙方各执壹份。

(2)本合同自签订之日起生效。

(3)附件。

采购单位(甲方)：_____　　供货单位(乙方)：_____

法定代表人：_____　　　　法定代表人：_____

委托代理人：_____　　　　委托代理人：_____

开户银行：_____　　　　　开户银行：_____

账号：_____　　　　　　　账号：_____

电话：_____　　　　　　　电话：_____

签约地点：_____

签约时间：_____年_____月_____日

（六）设备交货

交付时需要对购买的设备进行验收及安装调试。

（七）交付尾款

验收完成后,方可交付尾款。

二、设备验收及安装

（一）设备验收

（1）在设备送达时,要进行开箱清点,检查数量是否正确、是否有损坏。

（2）核对设备的技术资料、说明书、合格证（如图8-1所示）、检验记录、附件、专用工具、备件等是否齐全。

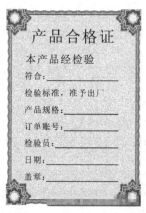

图8-1 产品合格证

（3）根据设备的技术参数、指标逐项进行验收,并进行运转测试。如在运转测试中发生故障,应及时与供货方交涉。

（二）设备安装

（1）根据设备的使用性质、安装技术难度及购进合约,设备可分为可自行安装设备及厂方负责安装设备。对于精度要求高、安装调试难度大的设备,一定要由厂方人员进行安装、调试。

（2）凡安装设备都必须严格按照技术标准实施,包括安装精度、能源配备、环境保护、施工地点等,随机配件及仪表要一并进行安装,举升机的安装现场如图8-2所示。

图8-2 举升机安装现场

三、设备管理的工作任务

设备管理的主要任务是为企业的生产提供先进、适用的技术装备,使企业生产经营活动建立在技术先进、价格合理的物质基础之上,提高企业的经济效益,保证生产企业经营目标的实现,其具体任务有以下几点:

（一）提高设备管理的经济效益

按照经济规律的客观要求，加强对设备经济性的管理，降低设备管理各环节的支出，以使设备的整个生命周期的支出达到最经济的效果。

（二）做好设备的更新换代工作

设备更新与改造是企业扩大再生产的重要途径，即企业盈利的重要途径。

（三）保证设备时刻处于最佳技术状态

设备管理部门要认真研究设备故障规律，如磨损规律等。采取相应的维修方法和手段，在节约费用的前提下，按时维修保养现有设备使之处于最佳技术状态。

请查询相关资料，说出举升机的维护周期及寿命周期：____________________

常用的设备管理方法是设置设备管理卡，如图 8-3 所示。

仪器设备管理卡

设备名称：____________________

设备型号：____________________

设备编号：__________档案编号：__________

生产厂家：____________________

购置时间：__________保 管 人：__________

图 8-3　设备管理卡

四、生产设备的管理制度内容

（一）生产设备技术状况管理

生产设备技术状况指标要写明生产设备的技术性能要求和允许的极限参数，如最大负荷、压力、温度、电流等。

查询相关资料，写出抛光机的相关技术状况参数：____________________

____

____

____

____

（二）生产设备运行动态管理

1. 制订巡检计划

巡检计划中一般应包括固定巡检地点、检查内容、巡检时间。

2. 标明问题的反馈方法

巡检后应做好相应记录。巡检记录表范例见表 8-2。

巡检记录表范例　　　　表 8-2

×××车间巡检表			
巡检时间	巡检地点及检查设备名称	设备运行情况	巡检人员签字
2018.5.1	精洗车间，汽车精洗相关设备	良好	
2018.6.3	精洗车间，汽车精洗相关设备	良好	
2018.7.2	精洗车间，汽车精洗相关设备	空气压缩机损坏	
……	……	……	……
……	……	……	……

从表 8-2 可以看出，该企业的巡检时间是________1 次。

(三)生产设备使用管理

生产设备管理者应掌握以下内容:

(1)生产设备使用前的安全防护措施及设备的操作规程。

(2)生产设备交接和使用规定。生产设备在领用或交接时,要对设备运行状况进行检查,并填写设备使用记录表。如检查时发现设备运行异常、损坏等情况要及时进行记录。

(3)设备使用时发生的紧急状况处理方法。

(4)对生产设备运行中的简单故障进行排除的方法。

如果你是一名汽车美容师,在工作过程中发现封釉机损坏,请完成设备使用记录表填写,见表8-3。

设备使用记录表范例　　　　　　　　　表8-3

×××店设备使用记录表				
设备名称		使用地点		
记录日期	使用目的	使用时间	使用人	备注

五、生产设备的操作规程的内容

生产设备管理制度中很重要的一项内容就是操作规程,其应包括的内容如下。

(一)操作方法

操作方法应包括设备的安装步骤、设备的使用步骤及设备使用完毕后回收的步骤。

根据所学知识,查阅相关资料并说出举升机的操作步骤:_____

_____

_____

_____

(二)使用注意事项

使用注意事项应包括何种情况下有可能会损坏设备、何种情况下会对人员造成伤害。

根据所学知识,查阅相关资料,说出举升机在使用时应注意的安全事项:_____

_____

_____

_____

(三)设备的存放方法

设备的存放方法应包括设备的回收和检查方法、设备的存储条件。

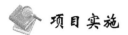

任务1　编制设备采购申请

假设你是一家汽车美容装饰企业的汽车美容师,因公司扩大再生产,现有的抛光机已经无法满足生产需求。请小组讨论,写一则采购报告,申请购买3台抛光机。抛光机的具体参数及价格可以自行在网络上查找。

_____采购申请

任务2　设备验收情景演练

假如你的汽车美容装饰企业新引进了一批封釉机,请根据所学的设备验收知识,对教师配给各小组的封釉机进行验收,并填写表8-4(如实训设备无封釉机,教师可根据实际情况使用其他设备开展活动)。

设 备 验 收 单　　　　　　　　　　　　　　　表8-4

×××店设备验收单					
设备名称		使用部门		设备型号	
验收时间		验收地点		验收人	
验收情况					
使用说明书、技术文件及合格证是否齐全				是	否
外包装是否完好				是	否
设备外观是否完好				是	否
设备附件是否齐全				是	否
设备运行是否正常				是	否
其他补充						
验收结果						
				验收人员签字：	

任务3　制定设备操作规程

根据所学的设备管理制度知识，选定一种实训室现有的汽车美容专业设备，小组讨论并写出其设备操作规程，派代表进行展示。

　　　　　　　　　　＿＿＿＿＿＿操作规程

项目评价

学习结束后,需要及时对学习效果进行评价,为体现评价结果的有效性,评价采用自评、互评和教师评相结合的方式,具体评价内容见表8-5。

项目八评价表　　　　　　　　　　　　表8-5

能　力	序号	评 价 内 容	分值	自评	互评	教师评
专业、方法能力 (70分)	1	在小组讨论过程中积极引导讨论	10			
	2	采购申请内容的完整性	10			
	3	采购申请表达清晰,格式正确	10			
	4	设备验收流程的完整性	10			
	5	设备验收单填写的正确性	10			
	6	设备验收结果的正确性	10			
	7	设备操作规程设计的正确性及完整性	10			
综合能力 (30分)	8	有良好的团队分工及协作表现	10			
	9	有良好的表达沟通能力	10			
	10	纪律表现良好	10			
合计			100			
总评						

评语	自评: 签字:
	互评: 签字:
	教师评: 签字:

项目拓展

你对公司采购的5台抛光机进行了验收,但在验收过程中,发现其中1台抛光机没有合格证,且无法正常运转,你该如何处理?请查找相关资料,写出你认为最好的解决方法。

_____
_____
_____
_____
_____

项目九　汽车美容装饰用品采购及库存管理

项目描述

在汽车美容装饰企业经营过程中，要提供种类齐全的多种产品进行销售才能获得最大收益。不同产品的销量及进货方式、库存方式均不一样，应该如何进行采购以及合理的库存管理呢？

学习目标

(1) 能够说出采购流程；
(2) 能够计算简单定期采购的采购数量；
(3) 能够判断常见用品应该使用的订货原则；
(4) 能够对用品存储进行分区、分类；
(5) 能够说出出入库的流程；
(6) 能够对仓储物品进行盘点；
(7) 能够进行有效合作，形成独立思考和认真观察的良好习惯。

建议学时

12 学时。

学习引导

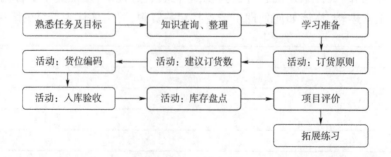

知识准备

一、采购管理的工作原则

(一) 合适的价格

合适的价格指采购所需的物资时,在满足数量、质量等要求的条件下,支付的最合理的费用。

(二) 合适的品质

采购的基本要求就是采购人员要以最便宜的价格购买到生产所需要的最佳品质的产品,另外采购人员要不断地寻找稳定、质优的合作供应商以寻求质量更加稳定的产品。

(三) 合适的时间

在汽车美容装饰企业,较为流行的理论是基于零库存和及时供给的采购理论,也就是在不对生产和客户造成任何影响的前提下,尽量减少库存量。这就要求采购人员在最恰当的时机,购买生产所需的产品和物料。

(四) 合适的数量

究竟是一次性采购还是分批采购,需要采购人员对生产需求、运输和仓储费用等进行仔细的计算,进而制订周密的采购计划,最终确定合理的采购方式。

(五) 合适的地点

采购地点的选择要以实现采购成本最低为基本出发点,不同地点的采购成本是不同的,在同等条件下,成本最低的地方就是最合适采购的地点。

二、采购流程

采购流程如图9-1所示。

(一) 采购申请

由采购人员制订订货计划,并向上级提出采购申请。

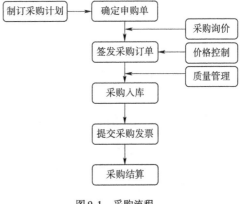

图9-1 采购流程

请思考,采购计划应包括哪些内容?

_____
_____
_____
_____

(二) 选择供应商

在通过调研、询价、供应商报价、比价后确定供应商。

请查询相关资料并分析：进行询价时应至少与几家供应商联系？

_____
_____
_____
_____

（三）价格谈判

与选定的供应商进行价格谈判，控制采购成本。

（四）签发采购订单

签发采购单，同时与供应商签订采购合同，采购合同与设备采购合同相似。

（五）跟踪订单

在交货日前7天再次与供应商确认是否能按时交货，并确定交货时间、交货地点。

请思考，为什么要再次确定是否能按时交货？对于汽车美容装饰企业，你认为交货地点最好选择在哪？

_____
_____
_____
_____
_____

（六）采购入库

接收货物时要注意检查及验收货物，货物验收与设备采购的货物验收相似。

（七）采购发票及结算

核对采购发票，并交付尾款。

小组查阅相关资料并讨论，应该核对采购发票上的哪些信息？这些信息起到什么作用？

_____
_____
_____
_____
_____

三、定期订货法

定期订货法是按预先确定的订货时间间隔进行订货，以补充库存的一种库存控制方法。定期订货适用于品种多、平均占用资金不多的产品。

要采用定期订货法，首先要确定几个参数：

（一）标准库存量

标准库存量的计算方法如下。

标准库存量 = 月均销量×(订货周期 + 到货周期 + 安全库存周期)

(二) 月均销量

月均销量通常根据前 6 个月的销量平均值计算得到,如图 9-2 所示。

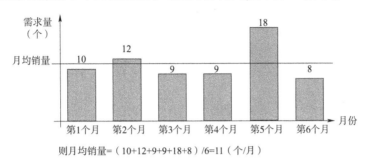

则月均销量=(10+12+9+9+18+8)/6=11(个/月)

图 9-2 前 6 个月的销量和月均销量

(三) 订货周期

订货周期指相邻的两次订货所间隔的时间,单位为月。如订货周期为 2 天,此时的订货周期为 2/30 = 1/15(月)。

(四) 到货周期

到货周期指从发出订单到收货的货物的时间,单位为月。如到货时间为 5 天,此时的到货周期为 5/30 = 1/6(月),如图 9-3 所示。

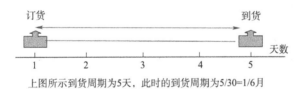

上图所示到货周期为5天,此时的到货周期为5/30=1/6月

图 9-3 到货周期

(五) 安全库存周期

安全库存是指为了防止不确定性因素(如大量突发性订货、交货期突然延期、临时用量增加、交货误期等特殊原因)影响生产而预计的保险储备量(缓冲库存)。安全库存用于满足提前期需求。假如安全库存时间是 6 天,则其安全库存周期为 6/30 = 1/5(月)。

某汽车装饰美容企业的抛光剂月均销量是每月 11 瓶,订货周期是 5 天,到货周期也是 5 天,安全库存周期是 6 天,试计算其标准库存量为多少?

_____
_____
_____
_____

(六) 建议订货数

建议订货数的计算方法如下。

建议订货数 = 月均需求量×(订货周期 + 到货周期 + 安全库存周期) – (在库数 + 在途数) + 客户预订数 = 标准库存量 – (在库数 + 在途数) + 客户预订数

四、定量订货法

当库存下降到预定的最低库存量(订货点)时,按规定数量(一般以经济批量为标准)进行订货补充的一种控制方法。定量订货适用于品种少、数量大、占用资金大的产品。

我们已经学习了两种订货方法,请分组查阅相关资料,并讨论两种订货方法的不同点,填写表9-1。

定量订货法与定期订货法的区别　　　　　表9-1

订货方法	定期订货法	定量订货法
订货时间点有何不同		
订货数量有何不同		
适合的产品有何不同		

五、两种订货原则

(一)"大-大"订货原则

此原则是以标准库存量为最大库存量,通过在每个订货日按时订货,不断补充库存到最大库存量。它适用于需求量大、需求频次高、高速流转的用品。它的特点是订货频繁、批量小。

(二)"大-小"订货原则

此原则是以标准库存量为最大库存量,当实际库存量小于最小库存量时,通过订货日历订货,不断补充库存到最大库存量。适用于需求量不大、需求频次低、低速流转的用品。特点:阶段订货(定期订货)。

分别写出两种汽车美容装饰企业中适合"大-大"订货原则及"大-小"订货原则的汽车美容装饰用品:_____
_____
_____
_____

六、入库验收

(一)验收的重要性

入库验收是入库保管的准备阶段,有些货物在出厂时是合格的,但经过运输和装卸搬运后,致使包装损坏、质量受损,失去部分使用价值,因此要在入库前认真验收,否则入库后再发现有质量、数量问题,会给企业造成不必要的经济损失。

(二)入库验收的程序

1. 点收大件

仓库保管员接到汽车美容装饰用品后,根据入库单所列的各项内容一一查对、验收,并根据入库货物的数量、性能、特点、形状等安排合适的货位和堆码方式。大件货物如图9-4所示。

2. 核对包装

在点清大件的基础上，对包装上的商品标志、入库单进行核对。只有在实物、标志与入库产品信息相符时才能入库。同时，应对包装物是否合乎保管、运输要求进行检查和验收。经核对检查，发现票务不符或包装损坏时，应单独存放，查明情况并妥善处理。

图9-4　大件货物

3. 开箱点验

凡是出厂包装的产品，一般开箱点验的数量为_____。如果发现包装与实物数量不符或有明显质量问题时，可以适当增加开箱检验的比例，甚至全部开箱。新产品入库亦可以不按上述比例开箱检验。对数量不多，价值很高的用品，如_____等，必须全部开箱检验，如图9-5所示。

4. 过磅称重

凡是需要称重的商品，必须全部称重，记录重量。但是对于汽车美容装饰用品来说，大部分商品都不需要进行称重，此内容仅作了解。

5. 归堆建卡

根据货物的性能特点安排适当货位。归堆时尽量采用"五五"堆放法。"五五"堆放法要求归堆时要按照_____成行、_____成垛、_____成层、_____成串、_____成捆的要求，排好垛底，并与前后左右的货物保持适当距离，如图9-6所示。

图9-5　开箱检验的汽车导航仪

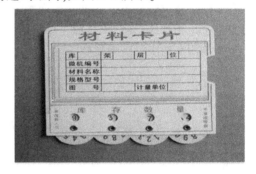

图9-6　仓库物资卡

6. 上账退单

根据进货单和库管员安排的库、架、排、号以及签收的实收数量逐笔核对，登录商品账本。

七、分区分类保管

汽车美容装饰用品在订货入库后、出库前一直处于库房保管阶段。保管货物是仓库管理的中心环节。

在管理期间，为了保证这些物品不丧失使用性能，必须将物品存放在与其性能特点相适应的环境。在存放期间,外界的温度、湿度等因素每时每刻都在发生变化,这些变化对物品保存不利。因此就必须要对存放的物品进行妥善的保管。

(一) 分区分类的方法

一般情况下,汽车美容装饰用品可按照_____、_____、_____、_____、_____五大类别进行分类入库。

(二) 分区分类注意事项

(1) 功能相似、性质相似、有消费连带关系的,尽量安排在一起。小组讨论并列举功能相似、性质相似的几种用品:_____。

(2) 互有影响、不宜混存的,要隔离存放。如液体类用品不宜与电子类用品放在一起。请列举出互有影响、不宜混存的几种用品:_____。

(3) 按作业安全、方便分区分类。如有出入库频繁、使用量较大的物品要放在靠门处。请列举出几种出入库频繁、用量较大的用品:_____。

(4) 重、长、大的用品不宜放在库房深处。请列举出几种不宜放在库房深处的用品:_____。

八、货物编号

(一) 整个仓库的编号

根据仓库建筑、结构和布局,按库房、货棚、货场分别顺序编号,面加"库""棚""场"等字样。

(二) 库、棚、场的货位编号

仓库内的货位编号可以根据仓库面积大小、储存用品的数量和种类,划为若干货位。一般以中心过道为轴线,将货物按照左单右双的顺序排列,编上号码。如仓库内的10号货垛4号货位为如图9-7所示画圈位置。

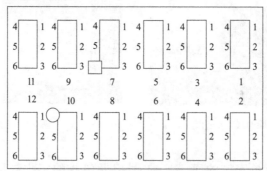

图9-7　库房内货位编号示意图

说出库房内方框位置的货物应该是_____号货垛_____号货位。

货场的编号按照货位的排列编成排号,再按排内顺序编货位号。如3-2-3即3号货场第2排第3位货位。或是不编排号,只编货位号,3-4即3号货场4货位。

(三) 货架编号

一种方法是直接在编号后加如"上、中、下"字样。"上"表示该货物在货架上层;"中"表示该货物在货架中层;"下"表示该货物在货架下层。如5-6-2中,表示5号库、6货位、2段中层。

另一种方法是以排为单位进行编号,每排以格眼为单位。如每排有16个格眼,编号时按照第一排的第16个格眼为1-16号,第二排的第16个格眼为2-16号,依此类推。如4号仓库1排货架的第4个格眼,可写成4-1-4,其位置在如图9-8所示圆圈处。

写出图中菱形所标位置有可能是哪几个货位:_____

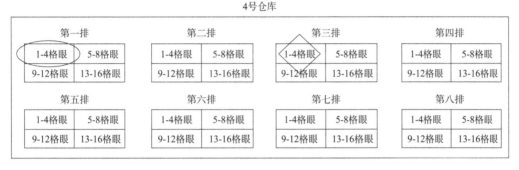

图9-8　仓库中的货架编号示意图

九、安全合理堆码

(一)合理堆码的要求

1. 安全"五距"

(1)顶距:指堆货的顶面与仓库屋顶平面之间的距离。一般的平顶楼房,顶距为50cm以上;人字形屋顶,堆货顶面以不超过横梁为准。

(2)灯距:指仓库内固定的照明灯与商品之间的距离。灯距不应小于50cm,以防止照明灯过于接近商品,灯光产生热量而发生火灾。

(3)墙距:指墙壁与堆货之间的距离。墙距又分外墙距与内墙距。一般外墙距在50cm以上,内墙距在30cm以上,以便通风散潮和防火。一旦发生火灾,可供消防人员出入。

(4)柱距:指货堆与屋柱的距离,一般为10~20cm。柱距的作用是防止柱散发的潮气使商品受潮,并保护柱脚,以免损坏建筑物。

(5)垛距:指货堆与货堆之间的距离,通常为100cm,堆距的作用是使货堆与货堆之间间隔清楚,防止混淆,也便于通风检查,一旦发生火灾,还便于抢救、疏散物资。

请根据以上所学内容在图9-9中标出"五距"的具体数值。

2. 定额管理

对于库房的存量指标应有明确规定,重量不得超过设计标准的90%。

3. 大、轻、易碎、易变形货物放置原则

质量轻、体积大的货物应单独存放,堆码时要注意控制适当高度,不要以重压轻。对易碎、易变形的配件,更不可重压。

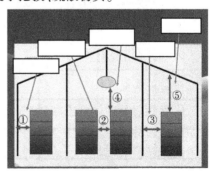

图9-9　安全"五距"示意图

试写出几种汽车美容装饰用品中,质量轻,但体积大、易碎、易变形的用品:_____
_____

4．保持整洁

每次收、发货后要及时清理现场,清扫干净,保持整洁美观。

(二)堆码的方法

1．重叠法

按照入库货物的批量,视地面负荷能力和可利用的高度确定层数,确定底层货物的件数,然后再逐层加高,如图9-10所示。

2．压缝法

针对外包装为长方体的货物,每一层都压缝堆码,即上一层总是跨压在下一层两件以上的货物上,逐层堆高,如图9-11所示。

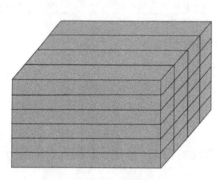

图9-10 重叠法

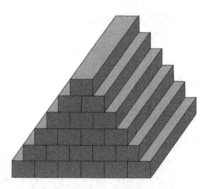

图9-11 压缝法

3．牵制法

如果货物外包装不够平整,高低不一,不能整齐堆码,可在上下层之间加垫,并加放木条。同时与重叠法或压缝法配合使用。

4．行列法

零散小批量的货物,不能混进堆垛,就按行排列,不同货物背靠背排成两行,前后对过道,形成行列堆码。

请分别列举一种适合以上堆码方法的汽车美容装饰用品。重叠法:_____。压缝法:_____。牵制法:_____。行列法:_____。

十、出库的程序

1．核对账单

仓库管理员在接到出库凭证后,必须对其进行审核。审核取货单的合法性和真实性,以及货物的名称、型号、规格、单价和数量等。凡在审单的过程中,有名称、规格型号不对、数量有涂改、手续不符等情况,应及时核对,在问题没弄清楚之前,不能发货。出库单如图9-12所示。

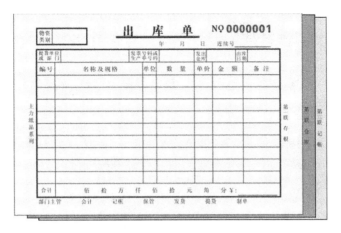

图 9-12　出库单样式

2. 备货

备货前应将供应单据与卡片、实物核对,核对无误,方可备货。

3. 复核、装箱

备货后一定要认真复核,复核无误后,与领料员或客户当面点交,随后装箱。在复核中,要按照单据内容逐项核对,然后将单据随货同行。

4. 点交和清点

领料员或客户在收到货物后,要进行当面清点,确认后方可离开。

5. 单据归档

发货完毕后应及时将领料单归档,并按照时间顺序装订,妥善保管。

十一、出库的要求

汽车美容装饰用品出库要求要做到"三不三核五检查"。

(1)"三不":"未接单据不翻账、未经审单不备货、未经复核不出门。"

(2)"三核":发货时要"核对凭证、核对账卡、核对实物"。

(3)"五检查":对单据和实物要进行"名称检查、规格检查、包装检查、件数检查、重量检查"。

十二、货物盘点

(一)盘点的原则

所谓盘点,是指定期或临时对库存货物的实际数量进行清查、清点的作业,即为了掌握货物的流动情况(入库、在库、出库的流动状况),对仓库现有货物的实际数量与保管账上记录的数量相核对,以便准确地掌握库存数量,如图 9-13 所示。

在进行货物盘点时,应按照下列原则进行。

1. 真实

要求盘点所有的数目、资料必须是真实的,不允许作弊或弄虚作假,也不允许掩盖漏洞和失误。

图 9-13　库存盘点

2. 准确

盘点过程中要求准确无误,无论是资料的输入、陈列的核查、盘点的点数,都必须准确。

3. 完整

所有盘点过程的流程,包括区域的规划、盘点的原始资料、盘点点数等,都必须完整,不要遗漏区域、遗漏商品。

4. 清楚

盘点过程属于流水作业,不同的人员负责不同的工作,所以所有资料必须清楚、人员的书写必须清楚、货物的整理过程必须清楚,才能使盘点顺利进行。

(二) 盘点的内容

1. 盘点数量

对计件的货物,应全部清点,对货垛层次不清的汽车美容装饰用品,应进行必要的翻垛整理,逐批盘点。

2. 盘点重量

对计重的货物,应据实逐批过秤,核对货物重量。

对于导航、倒车雷达等货物,应该盘点其数量还是重量?为什么?

_____

_____

_____

_____

_____

3. 核对账与货

根据盘存货物实数来核对货物保管账所列结存数,逐笔核对。查明实际库存量与账、卡上的记录是否相符;检查收发有无差错;查明有无超储积压、损坏、变质等情况。

4. 核对账目

应定期或在必要时对仓库货物保管账目进行核对,如图 9-14 所示。

库存盘点表

盘点部门:				仓库:					盘点日期:				
序号	物料编号	物料名称	计量单位	规格型号	账面数			实际盘点			盘盈			盘亏			备注

序号	物料编号	物料名称	计量单位	规格型号	数量	单价	金额	数量	单价	金额	数量	单价	金额	数量	单价	金额	备注
1																	
2																	
3																	
4																	
5																	
6																	
7																	
8																	
9																	
10																	
合计																	

负责人:　　　　　　监盘:　　　　　　保管:　　　　　　制单:

图 9-14　库存盘点表样式

(三)盘点形式

盘点的方法主要分为永续盘点、循环盘点、定期盘点和重点盘点。

1. 永续盘点

库管员每天对有收发动态的货物盘点一次,以便及时发现收发差错。

2. 循环盘点

库管员对自己所管物品分别按轻重缓急,做出月度盘点计划,并按计划逐日进行盘点。

3. 定期盘点

按月度、季度或年度组织清仓盘点小组,全面进行盘点清查,并整理出库存清册。

4. 重点盘点

根据季节变化或工作需要,针对某种特别目的而对仓库物资进行盘点和检查。

在时间安排上,4 种盘点方式有何不同?

_____

_____

_____

_____

(四)盘点中出现的问题

保管不善导致货物损坏的情况如图 9-15 所示。

1. 储耗

对易挥发、融化、风化的产品,允许有一定的储耗。凡在合理储耗标准内的,由库管员填报"合理储耗单"。

试写出几种常见的易挥发、融化、风化的汽车美容装饰用品:_____

图 9-15 保管不善导致货物损坏

2. 账实不符

账实不符有两种情况:盘盈和盘亏。在盘点中发生盘盈或盘亏时,应反复落实,查明原因,明确责任,并填写"盘盈盘亏报告单"。

试分析哪些情况可能造成盘盈或者盘亏:_____

_____

_____

_____

3. 报废和削价

由于保管不善,造成霉烂、变质、锈蚀等情况,在收发、保管过程中损坏并失去使用价值的,由保管人和连带责任人承担责任。

4. 呆滞货物

当仓库中的部分货物储存超过一定时间而未能销售出库时,成为呆滞货物。呆滞货物的出现是不可避免,过量的呆滞货物会造成店面资金积压,更严重的是无法回收资金。对于呆滞货物的处理方法通常是低价销售。

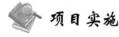

任务1　判断汽车美容装饰用品订货原则

试判断以下汽车美容装饰用品应该使用"大-大"订货原则还是使用"大-小"订货原则。

某汽车美容装饰企业现在销售的汽车用品有:太阳膜、雨刮片、车载 DVD 导航、汽车地胶、汽车脚垫、氙气大灯、行车记录仪、汽车防盗器、真皮座椅、车身防水蜡。

经上个月统计,销售情况为:太阳膜10件、雨刮片20件、车载 DVD 导航1件(3个月)、汽车地胶及脚垫各8件、氙气大灯2件、行车记录仪10件、汽车防盗器1件、真皮座椅1件(5个月)、车身防水蜡35瓶。

适用于"大-大"订货原则的有:

适用于"大-小"订货原则的有:

任务2　计算订货数量

某汽车美容装饰企业前6个月方向盘套的月均销量为10个。订货数据如下：平均订货周期7天，平均到货时间9天，安全库存周期5天，客户的追加订单数量0个，库存数量2个，在途数量6个。请小组讨论并计算建议订货数。

任务3　仓库用品查找方法练习

某日，汽车改装师进行车辆改装时需要领料，经查询后发现，这些货物的货位分别为：1-11-6、2-1-1、2-6-3、1-1-2。请在图9-16、图9-17中找到并标出这些货位，写出以上这几个货位编码分别代表什么意思。

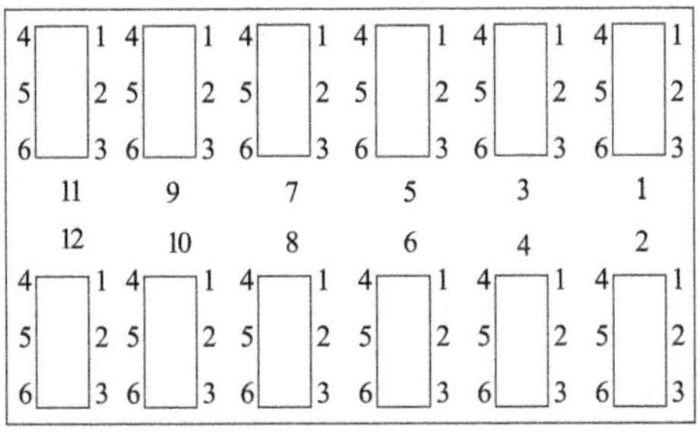

图9-16　仓库1

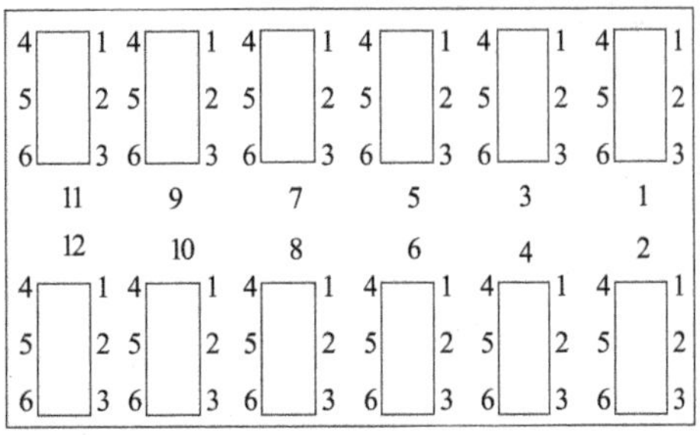

图9-17　仓库2

任务4　汽车美容装饰用品模拟验收实训

汽车美容装饰企业购入了一批汽车美容装饰用品,请根据所学入库验收知识对其进行验收,填写表9-2,并在备注栏写明你的验收情况(授课教师根据实训室实际情况分配汽车美容装饰用品用于验收)。

验　收　单　　　　　　　　　　　　　　　　　　　表9-2

货品名称	规格型号	单位	数量	单价	金额	备注

任务5　汽车美容装饰用品盘点实训

请根据所学盘点知识,结合给出的账目和实物进行盘点,并在表9-3中记录盘点结果(教师根据实训室实际情况分配汽车美容装饰用品用于盘点,活动开始前教师先将货品名称、账面数量填好)。

库　存　盘　点　表　　　　　　　　　　　　　　表9-3

×××店库存盘点表				
货品名称	账面数量	实际盘点数量	盘盈/盘亏数目 (负数代表盘亏)	盘点时间

项目评价

学习结束后,需要及时对学习效果进行评价,为体现评价结果的有效性,评价采用自评、互评和教师评相结合的方式,具体评价内容见表9-4。

项目九评价表   表9-4

能　力	序号	评价内容	分值	自评	互评	教师评
专业、方法能力 （70分）	1	知识准备充分、正确	8			
	2	在小组讨论过程中积极引导讨论	10			
	3	"大-大""大-小"原则使用的正确性	12			
	4	建议订货数结果的正确性	10			
	5	能正确说出货位编码含义	10			
	6	库存单填写的完整性	10			
	7	盘点表填写的正确性	10			
综合能力 （30分）	8	有良好的团队分工及协作表现	10			
	9	有良好的表达沟通能力	10			
	10	纪律表现良好	10			
合计			100			
总评						
评语	自评： 　　　　　　　　　　　　　　　　签字： 互评： 　　　　　　　　　　　　　　　　签字： 教师评： 　　　　　　　　　　　　　　　　签字：					

项目拓展

请搜集相关资料,并讨论:定量订货法和定期订货法哪种更适合小型的汽车美容装饰企业。写出你的理由。

项目十　客户关系管理

项目描述

客户对每一个企业都很重要,建立良好的客户关系,对企业的发展具有十分重要的意义。作为汽车美容装饰企业的店长,应该如何经营管理好客户关系?

学习目标

(1)能够说出什么是客户关系管理;
(2)能够说出常见的客户开发策略;
(3)能够针对汽车美容装饰行业制定简单的客户开发方案;
(4)能够说出影响客户满意度的因素及提高客户满意度的方法;
(5)能够处理客户投诉;
(6)能够说出客户忠诚度的重要性;
(7)能够设计简单的美容装饰店会员制度;
(8)能够进行有效合作,形成独立思考和认真观察的良好习惯。

建议学时

12学时。

学习引导

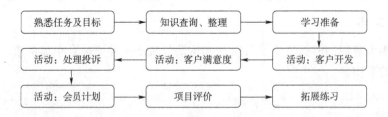

 知识准备

一、什么是客户关系管理

客户关系管理的定义是:企业为提高核心竞争力,利用相应的信息技术以及互联网技术来协调企业与客户间在销售、营销和服务上的交互,从而提升其管理方式,向客户提供创新式的个性化的客户交互和服务的过程。其最终目标是吸引新客户、保留老客户,以及将已有客户转为忠实客户,增加企业销售额,扩大服务覆盖面。

二、常见的以营销为导向的开发策略

(一)有吸引力的产品或服务

有吸引力的产品或服务是指企业提供给客户的产品或服务非常恰当,这些产品或服务能满足客户的需要。客户不仅关注产品或服务的功能效用、质量、外观、规格,还关注品牌、商标、包装,以及相关的服务和保证等。具体方面如下。

1. 功能效用

功能效用是吸引客户的最基本立足点,功能越强、效用越高的产品或服务对客户的吸引力越大。同样地,对老产品或老式服务在工艺和效用上重新改进,也能够提升其对客户的吸引力。

对汽车美容装饰行业来说,吸引客户的功能效用应该更多地体现在服务还是产品上?为什么?

_____
_____
_____
_____
_____

2. 质量

质量优异的产品或服务总是能受到客户的青睐,质量对于吸引客户而言也起到非常直观和重要的作用。质量有问题的产品或服务即使非常便宜也没人愿意购买。因此,质量往往代表着安全、可靠和值得信赖。

3. 特色

如今市场上同类同质的产品或服务越来越多,因此,企业要想在激烈的市场竞争中脱颖而出,其产品或服务必须有足够的特色才能吸引客户。

对于汽车美容装饰行业来说,服务尤为重要。因此,特色服务、差异化服务就成了该行业吸引客户的一个重要手段,本书"常见营销推广策略"部分对此有详细介绍。

4. 品牌

品牌是用以识别某个产品或服务,并使之与竞争对手的产品或服务明显区分开的商业名称及标识。品牌对于客户的吸引力在于,品牌是一份合同、一份保证、一种承诺,无论购买地点在哪里,购买形式是什么,品牌向客户提供了统一的标准。

某知名快修企业品牌形象如图 10-1 所示。

对于汽车美容装饰行业来说,使用哪些方式有利于建立良好的品牌形象?

图 10-1 某快修企业标识

(二)有吸引力的价格

价格是指企业出售产品或者服务所追求的经济回报。一般来说,定价策略有如下几种:

1. 低价策略

低价策略就是用较低的价格来吸引客户购买。

2. 高价策略

高价策略即企业考虑到部分客户往往以价格高低来判断产品的质量,当然高价策略还应当有相对应的服务及产品质量。

3. 心理定价

心理定价即依据客户对价格数字的敏感程度和不同联想而采取的定价技巧,常见的如吉利数字定价:某汽车美容装饰企业的漆面封釉护理套餐为"666 元 7 次或 2 年"。又或是整数或零头定价,可以吸引有不同心理的客户。

4. 差别定价

客户差别定价,如教师节教师洗车有优惠。消费时间差别定价,如夏季清凉坐垫套装优惠。

5. 招徕定价

招徕定价是利用部分客户求廉的心理,将某种产品的价格定得较低以吸引客户,而客户在采购了廉价品后,还往往会选购其他价格正常的产品,从而促进企业的产品销售。如汽车美容装饰企业把洗车价格定的较低,可以吸引客户光顾,从而促进高价的汽车美容装饰用品销售。

请说出以下案例,分别使用了什么定价策略,见表 10-1。

定价策略分析表　　　　　　　　　表 10-1

案　例	定 价 策 略
某店推出汽车精洗促销活动,只要 150 元就可以享受原价 249 元的汽车精洗服务	
某店将自己的客户休息区重新装修,设置电视、上网、报纸杂志、茶水等区域,同时播放广告(如店内使用最精洗的洗车机、最无毒环保的清洗剂),最后将清洗价格定得高于市场平均水平	
某店推出平价洗车套餐服务,只要办理 300 元的洗车卡,就能享受 1 年内 20 次的洗车服务,同时赠送 1 次汽车漆面打蜡服务	
某店的精品装饰全场打 7 折,但是将精品装饰区设计在用品销售区的最深处,客户购买精品装饰需要路过其他用品销售区域	
某店开展夏季送清凉活动,到店洗车的客户可免费获得 1 次汽车空调全方位检查服务	

(三)有吸引力的购买渠道

为了吸引客户,企业还应当通过恰当的销售渠道或途径,使客户很容易、很方便地购买到企业的产品或服务。

1. 销售途径方便客户

俗话说"一步差三市",说的就是开店地址差一步就有可能差三成的买卖。一旦购买途径不够便利、不够理想、过于费时费力,客户就有可能放弃购买。

但汽车美容装饰行业的店面一般都不允许开在人流密集的中心地段,这就要求管理者开动脑筋。如可以利用各大商场的地下停车位作为简单的清洗点,销售时采取上门销售方式、提供上门洗车服务或汽车美容完毕后提供送车服务等。如图10-2所示为在地下停车场开设的汽车美容装饰企业的店面。

图10-2 在地下停车场开设汽车美容装饰企业

2. 通过技术手段提高可获得性和便利性

随着信息技术的普及,网络、手机等新技术的兴起,运用前沿技术进行销售也为客户购买提高了便利性,本书的"常见营销推广策略"部分对此有详细介绍。

(四)有吸引力的促销方案

有吸引力的促销方案是指企业利用各种适当的信息载体,将企业及产品的信息传递给目标客户,并与目标客户进行沟通的传播活动,旨在引起客户的注意,刺激客户的购买欲望,使其产生实际购买的行动,本书的"常见营销推广策略"部分对此有详细介绍。

三、客户信息管理

(一)客户信息是企业决策的基础

如果企业想要维护好与客户建立起的关系,就必须充分掌握客户的信息,根据这些信息制定正确的经营策略。

(二)客户信息是客户沟通的基础

如果能够掌握详尽的客户信息,就可以做到"因人而异"的进行一对一的沟通,从而根据每个客户的不同特点,有针对性地实施营销活动,降低广告投入。

(三)客户信息是客户满意的基础

如果企业能掌握详尽的客户信息,就可以在把握客户需求特征和行为偏好的基础上,有针对性地提供个性化服务,满足客户的特殊需要,提高客户的满意度。图10-3所示为客户信息管理系统。

四、收集客户信息的渠道

(一)在调查中获取客户信息

在进行问卷调查、市场调查时收集客户的信息。

图 10-3　客户信息管理系统

小组分享自己参加问卷调查的经历,回忆当时留下了哪些个人信息,总结并写在下面的横线上。

_____
_____
_____
_____

(二) 在营销活动中获取客户信息

在广告发布后,一些潜在客户有可能到店或与企业联系,我们就可以收集到这些客户的信息。

(三) 在服务过程中获取客户信息

在服务过程中,客户会提及对服务及产品的看法及期望,这也是需要收集的信息。

请小组讨论,在客户到店后,是否应该想办法留下客户的电话? 为什么?

_____
_____
_____
_____

(四) 通各种市场研究公司收集客户信息

市场上有各种中介公司,可以委托其进行数据收集。

五、客户的满意度

(一)客户满意度的定义

客户满意度,也叫客户满意指数,是对服务性行业的客户满意度调查系统的简称,是一个相对的概念,体现了客户期望值与客户体验的匹配程度。换言之,就是客户将对一种产品或服务的体验与其期望值相比较后得出的指数。用公式表达就是:满意度 = 客户体验 − 客户期望,客户期望与客户体验的关系如图 10-4 所示。

(二)客户的期望

(1)客户的期望会受其消费经历、消费经验、消费阅历的影响。客户在消费之前,会结合以往的经历对即将购买的服务或产品产生一个心理期望值。如过去客户到汽车美容装饰企业打蜡需要 200 元,那么他下次对打蜡的价格期望就是_____元。但如果他去打蜡只用了 150 元,那么他对下次打蜡的价格期望就只有_____元。

(2)客户的期望会受他人介绍及广告宣传的影响。客户在消费前,会受身边亲戚朋友的影响,如果客户身边的人极力赞扬,说企业好的话,客户就会产生较高的期望;如果客户身边的人进行负面宣传,则客户会产生较低的期望。同时不同广告的效果也会让客户产生不同的期望值。

(三)如何提升满意度

1. 真诚待客

真诚待人、用心待事走到哪里都不会错。现在很多服务型企业都制定各种服务流程或服务考核指标。但要注意不能让服务变成完全依照流程的机械式服务,要真诚地告知客户哪些期望能够得到满足,哪些不能得到满足,让客户清晰地了解自己能获得哪些服务,如图 10-5 所示。

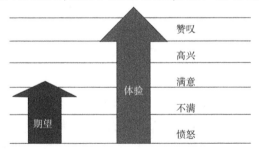

图 10-4 客户期望与客户体验的关系

图 10-5 让客户感受到诚意

谈一谈上图是如何体现出真诚待客的。

_____
_____
_____
_____

2. 客观评价

要引导客户的期望,首先企业要对自身的服务水平有客观的认识,正确有效地评估自己能够为客户提供服务的水平。在推广过程中,过分夸大服务水平反而会破坏客户的信任感。

某汽车美容装饰企业做广告,宣称使用完全无毒环保的高质量内饰清洁剂吸引客户做汽车精洗,但是实际用的却是普通的廉价清洁剂。这么做有什么不妥?为什么?

_____
_____
_____
_____

3. 有效沟通

在与客户的沟通中,要不断对客户的期望进行分析,准确评估客户的期望。

请各小组搜索相关资料,了解如何才能做到有效沟通。

4. 严格执行

对公司的规章制度一定要严格执行,以满足客户需求。

5. 谨慎承诺

在企业进行广告宣传或客户咨询时,一定要注意自己是否能做到宣传的描述或满足客户提出的要求。一旦承诺以后无法实现,就会引起客户的不满。

请分析如果向客户承诺后无法兑现会造成什么危害?

_____
_____
_____
_____

6. 争取认可

当汽车美容装饰企业进行服务时,要尽可能地和客户进行互动和意见交流,取得客户对自己服务的认可。

(四)提升客户的实际体验

企业只有能超出客户的期望、带给客户惊喜,才能给用户带来良好的实际体验。主要从以下两个方面来考虑:一方面,增加客户获得的商品或服务总价值;另一方面是降低客户支出的总成本(包括时间成本及货币成本)。

1. 增加客户获得的商品或服务总价值

要增加客户获得商品或服务的总价值,首先应提升产品的价值。可以通过塑造品牌、提升服务水平及服务质量、增加服务内容等来实现。

某汽车美容装饰店新扩建了一个客户休息室,这种手段增加了:_____
_____
_____
_____

2. 提升形象价值

企业是服务的提供者,其规模、品牌、舆论评价等表现都会影响客户对其的判断,企业形象好,会形成对企业有利的社会舆论,为企业营造一个良好的形象,提升客户对企业的感知评价。

试分析,作为企业的员工,如何才能展示企业的良好形象:_____
_____
_____
_____

3. 降低客户经济成本

合理地制定产品或服务价格,尽可能做到按客户的"预期价格"定价,降低客户的经济成本,可以有效提升客户的感知评价。

4. 降低客户的时间成本

在保证产品与服务质量的前提下,尽可能降低客户的时间成本,可以有效提升客户的感知评价。

请小组讨论,汽车美容装饰店在为客户服务时可以从哪些方面降低客户的时间成本:
_____
_____
_____
_____

5. 质量担保

对所销售产品或所提供服务提供质量担保也是提升客户体验的有效途径。如某汽车美容装饰企业承诺自己的座套等装饰品3个月内有任何问题都可以随时更换。

做出承诺与保证可以降低客户的成本,但在前述的内容中,提到要"谨慎承诺",请小组讨论其中有没有冲突的地方?为什么?
_____
_____
_____

六、正确处理客户投诉

(一)客户投诉产生的原因

1. 产品或服务的质量问题

如某汽车美容装饰企业售出的方向盘套第二天就坏了。

2. 服务态度或服务方式问题

如某汽车美容装饰企业的汽车美容装饰用品销售顾问对客户冷漠、粗鲁。

3. 受骗上当

如某汽车美容装饰企业宣传在本店封釉后可以防止汽车被意外刮伤,但实际上却无法做到。

以上情况都会引起客户的投诉。

小组讨论,在实际工作中还有哪些环节容易引起客户投诉？

_____
_____
_____
_____

(二)处理客户投诉的方法

1. 倾听客户意见

认真聆听,不无理或轻易打断客户说话,不伤害客户的自尊和价值观,使客户感到自己以及自己的意见受重视。同时,还要协助客户把意见表达清楚,如图10-6所示。

图10-6　学会倾听

2. 认同并表示歉意

客户投诉时,最希望自己能得到同情、尊重及理解,因此要积极地回应客户所说的话,使用如"您的心情我可以理解""您说的话有道理"等表达方式,同时表达自己的歉意。

3. 提出可以令客户接受的方案

根据投诉的实际情况,参照客户的要求,提出具体的解决方案,该方案要考虑到客户的情感和公司的实际利益。提出解决方案时,要注意用建议的口吻,然后向客户说明该方案的优势。

某汽车美容装饰企业在进行全车抛光的过程中,由于汽车美容师的疏忽导致后保险杠拐角处不明显部位漆面刮伤、露出底漆。交车后客户发现问题并向店长进行投诉。请小组讨论,这种情况应提出怎样的解决方案才能被客户接受？

_____
_____
_____
_____

4. 跟踪服务

处理投诉后要进行跟踪回访,调查客户对处理方案的意见。

请写出跟踪回访经常采用的方式：_____。

七、会员制度管理

建立会员制度可以使客户对企业产生一定归属感,增强客户对企业的黏性和忠诚度。

(一)确定会员权益

要使客户心甘情愿地成为企业会员,并建立长期信任的关系,必须提供更多、更全面的会员增值服务,以带给会员更多的客户价值。为此必须确定会员的权益,通常可以设计为以下几种。

1. 会员折扣

成为会员后,客户可以享有汽车美容装饰企业某些项目的折扣,且根据会员等级的不同,折扣也不同。如某汽车美容装饰企业的铜卡会员可以享受所有项目工时费9.5折优惠,银卡会员享受9折优惠,金卡会员享受8.8折优惠。某汽车美容中心会员卡如图10-7所示。

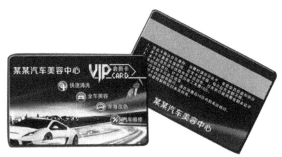

图10-7 某汽车美容中心会员卡

2. 会员专享

除了可以给会员提供在价格方面的折扣外,还可以提供会员专享的服务,如会员生日特权、VIP免排队特权、会员休息区特权等。

3. 会员增值服务

会员还可以享受各类增值服务,如定期的免费车辆体检项目,免费代办保险、车船税等,免费道路救援,参加为会员组织的自驾游活动等。

请自行查阅相关资料,写出代办保险、车船税的步骤。

_____
_____
_____
_____

(二)确定会员等级

1. 确定会员等级的层级名称及层级数

首先要确定会员的层级及其名称,如某汽车美容装饰企业会员共分为4个层级,其名称分别为铜级、银级、金级和白金级。

会员等级除了以上命名方法还有其他命名方法吗?请讨论并写在下面的横线上。

_____
_____
_____
_____

2. 根据客户的消费情况确定客户会员层级

客户会员层级可以根据一次性消费金额来确定,也可以根据累计消费金额来确定。如某汽车美容装饰企业规定,一次性办理 500 元的车辆美容卡就可以成为铜级会员、一次性办理 1000 元的美容卡可以成为银级会员。又或是某汽车美容装饰企业规定累计消费 1000 元可以成为会员,每累计消费 2000 元可以提高 1 级。

请小组讨论,根据一次性消费金额和根据累计消费金额来确定会员层级各有什么样的好处?

___

___

___

___

(三) 会员积分管理

积分制是一种非常常见的会员管理模式。在积分制度下,会员通过购买汽车用品、装饰美容服务等获得积分,一定数量的积分即可用来获得会员专享的优惠或兑换商品。在这个过程中,积分扮演着虚拟货币的角色。积分管理是企业对客户的一种回馈和奖励机制,能刺激会员消费、增加会员黏性,有利于培养会员忠诚度。积分规则一般分为以下几部分。

1. 消费积分

按照消费金额按比例换算积分。如某汽车美容装饰企业规定,会员每消费 1 元积 1 分。

2. 会员等级积分

根据会员等级不同,消费积分比例也不同。如某汽车美容装饰企业规定,铜级会员每消费 1 元积 10 分,银级会员每消费 1 元积 15 分,金级会员每消费 1 元积 20 分。

3. 积分兑换

1) 可兑换会员等级

如某汽车美容装饰企业的铜级会员可以用 1000 积分兑换银级会员,银级会员可以用 1500 分兑换金级会员等。

2) 可兑换商品或服务

如某汽车美容装饰企业的会员可以用 1000 积分兑换香水座,用 2000 积分兑换 1 次精细洗车服务。

3) 可抵扣消费金额

如某汽车美容装饰企业会员的 100 积分可以抵扣实际消费 1 元。

请小组讨论,除了以上方式,还有其他积分管理方式吗?

___

___

___

___

项目十 客户关系管理

 项目实施

任务1　潜在客户开发方法练习

请小组讨论:分析下列案例,说出该案例中,分别采用了哪些开发潜在客户的方法? 并派代表进行介绍。

案例1:某汽车美容装饰企业开展夏季送清凉活动,于当年7月1日—8月1日之间,购买凉垫(1套5个)、遮阳帘均享受8折优惠,更换冷却液、空调制冷剂均免工时费。客户可以通过企业的微信号进行预订,并且可以在各小区门口设立的销售点现场购买产品。

_____

案例2:某汽车美容装饰企业推出贴心爱车清洗服务,客户只需在微信支付洗车费用,并留下自己车辆地址及信息,该店就会在要求的时间和地点上门提供洗车服务,不需要客户在现场等待。

_____

案例3:某汽车美容装饰企业推出进店有礼活动,凡进店的客户均享受办理包年(24次)洗车卡8折的优惠,同时该美容装饰店还设有精品展厅及客户休息区。

_____

任务2　汽车美容装饰企业营销方案策划

你是一名小型汽车美容装饰企业的店长,店面位于市郊,现在正值春节,需要围绕本店的各汽车美容装饰用品及服务项目推出一个开发潜在客户的方案,目的是吸引客户进店。暂不需要考虑方案成本。方案完成后派代表进行分享,并说明该方案设计的依据。在小组内自由讨论设计需要推出的汽车用品及服务项目。

方案:

_____
_____
_____
_____
_____
_____
_____
_____
_____
_____
_____
_____
_____

方案设计的依据:

_____
_____
_____
_____
_____
_____
_____
_____
_____
_____
_____
_____

任务3 客户满意度提升练习

请小组讨论,分析下列案例,写出该案例中的汽车美容装饰企业分别采用了哪些方法提升客户的满意度,并派代表进行介绍。

案例1:某汽车美容装饰企业在店内开展"微笑大比拼"活动,要求汽车美容装饰用品销售顾问在工作过程中,时刻保持对客户的微笑,并由客户进行评分,选出"微笑之星"。

_____
_____
_____
_____
_____
_____
_____
_____

案例2:某汽车美容装饰企业开展"汽车装饰技能竞赛",在车间内以小组为单位进行装饰技能的比赛,以提高装饰车间的作业质量及效率。对获胜小组给予一定的现金奖励,对最后一名的小组给予培训的机会。

_____
_____
_____
_____
_____
_____
_____
_____

案例3:某汽车美容装饰企业承诺,在清洗车辆内饰后,客户不会在车内找到灰尘。

_____
_____
_____
_____
_____
_____
_____

任务4　客户投诉处理情景演练

对于下面给出的案例,请各小组首先根据所学内容讨论案例中所列投诉的解决方案,然后进行角色分配,组织情景演练,解决案例中客户的投诉。

案例:某日,张先生在"好又快汽车美容装饰企业"购买了一个转向盘套,结果才过了2天,转向盘套就损坏了。现在张先生来到了店里进行投诉,他要求企业赔偿自己3个转向盘套。

各小组首先讨论应该如何处理该投诉,并派2名代表分别扮演张先生和汽车美容装饰用品销售顾问小王,进行情景演练。

任务5　会员计划制订

　　各小组根据所学知识,讨论制订一个简单的汽车美容装饰企业会员计划。要求包括会员等级、会员权益、会员晋升、会员积分4个部分内容。

项目评价

学习结束后,需要及时对学习效果进行评价,为体现评价结果的有效性,评价采用自评、互评和教师评相结合的方式,具体评价内容见表10-2。

项目十评价表　　　　　　　　表10-2

能　力	序号	评 价 内 容	分值	自评	互评	教师评
专业、方法能力 (60分)	1	知识准备充分、正确	8			
	2	在活动1中案例分析的正确性	10			
	3	在活动2中方案设计的可行性	12			
	4	在活动3中案例分析的正确性	10			
	5	在活动4中解决投诉方法的可行性及情景演练表现	10			
	6	在活动5中会员制度建立的完整性及可行性	10			
综合能力 (40分)	7	有良好的团队分工及协作表现	10			
	8	有良好的表达沟通能力	15			
	9	纪律表现良好	15			
		合计	100			
		总评				
评语		自评: 　　　　　　　　　　　　　　　　签字: 互评: 　　　　　　　　　　　　　　　　签字: 教师评: 　　　　　　　　　　　　　　　　签字:				

项目拓展

本任务中仅介绍了如何开发客户,但未涉及如何说服客户购买自己的产品或服务。请小组查阅关于销售方面的资料,结合学校所在地汽车美容装饰行业的实际情况,讨论出至少4种说服客户的方法。

项目十一　常见营销推广策略

项目描述

只有优秀的产品和优秀的美容师是不够的,"酒香也怕巷子深"。作为一家汽车美容装饰企业的店长,你将采用什么策略和技巧来营销推广自己的产品和服务呢?

学习目标

(1)能够设计出至少5种具体的营销推广活动方案;
(2)能够为自己的汽车美容装饰企业做1次简单促销活动;
(3)能够进行有效合作,形成独立思考和认真观察的良好习惯。

建议学时

18学时。

学习引导

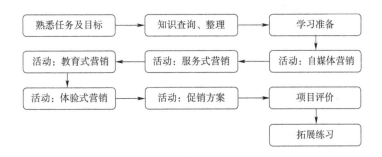

 知识准备

一、什么是市场营销

市场营销并不像数学公式那样有标准形式,其定义通常是基于提出观点者自己的理解和体会。即使是营销管理学的专家学者,通常也会不断更新自己对于市场营销的定义。

通常来说,市场营销是在适当的时间、适当的地点以适当的价格、适当的信息沟通和促销手段,向适当的客户提供适当的产品和服务。

二、常见营销策略

(一)自媒体营销

1. 自媒体营销的定义

普通大众通过互联网科技与全球知识体系相连,然后与他人分享新闻以及身边事件的途径,被称作自媒体。我们平常使用的 QQ、微信等社交软件上都存在自媒体。

现在,越来越多的人使用此类社交软件传递或者分享各种各样的信息,其信息的传播速度越来越快,广度也越来越大,因此自媒体逐渐受到人们重视,使用此类自媒体营销也变得越来越流行。3M 公司的微信营销活动如图 11-1 所示。

2. 常见自媒体操作指南

虽然目前人们使用的自媒体平台种类繁多,但其操作方式却大同小异。下面为大家介绍一下常见平台,如 QQ、微博、微信、博客等的操作方式。

1) 注册账号/公众号

首先,我们需要注册一个进行营销的账号。注册方式多为使用手机号或者 QQ 号。这里值得注意的是,所注册的账号的名称和头像一定要和我们所要营销的企业的相关信息一致。比如可以以企业名称、产品名称等作为账号的名称,以企业标志、行业标志等作为头像,微信账号注册界面如图 11-2 所示。

图 11-1　3M 公司微信营销活动　　　图 11-2　微信账号注册界面

2) 添加好友/粉丝

可以添加自己的亲朋好友、企业员工作为第一批好友/粉丝。通过亲朋好友、企业员工来进行信息的扩散。之后,可以在做企业广告时,将自己的自媒体营销账号附在每一次广告中,以便其扩大影响力。另外,也可以通过添加附近的人等方式来添加好友。微信添加好友/粉丝的入口如图 11-3 所示。

3）信息的发布

有了账号和好友之后,还要定期发布营销信息。营销信息的内容构成有:

(1) 文字。对所要营销的产品/服务进行详细的文字描述。

(2) 图片。图片是自媒体营销很重要的一个内容,所有对产品及服务进行的文字描述最好都要配上相应的图片,以便读者直观地了解相关信息。

(3) 互动环节。自媒体相比其他媒体的一大优势是可以使用手机随时随地与客户进行互动。多增加互动环节,如抽奖、问答、贴心小提示、常用行业小知识等内容可以增加用户的黏性。最好的效果是让客户习惯于刷新你的动态,某汽车美容装饰企业的营销信息如图11-4所示。

图11-3　微信添加好友/粉丝的入口　　11-4　图文并茂的营销信息

用语尽量年轻化、网络化。内容避免太长、避免使用单一自媒体(最好QQ、微博、微信等多种自媒体同时使用)。

(二) 服务营销

"服务营销"是一种通过关注客户,进而提供服务,最终实现有利的交换的营销手段。作为服务营销的重要环节,"客户关注"工作质量的高低,将决定后续环节的成功与否,影响服务整体方案的效果。

实施服务营销的策略如下。

1. 人本管理策略

在服务营销组合中,人员是关键要素。服务业员工不仅仅是一种生产要素,更是服务业的主体,在服务传递过程中,员工是联系服务业和客户的纽带。客户服务主要是依靠员工与客户面对面的交流实现的,服务业服务质量的好坏直接取决于员工在服务过程中的表现。因此,服务业应比其他行业更加注重人员的选择、培训与管理。员工是服务业的内部客户,实行"人本管理",有利于提高员工的满意度和忠诚度,使其为客户提供良好的服务。

请根据图11-5、图11-6进行小组讨论,写出你对"人本管理"的看法。

图11-5 信任背摔

图11-6 激励团队

2. 创新服务营销策略

服务营销面对的是瞬息万变的市场,以及追求多样化、个性化的产品和服务的客户,在这种情况下,必须辨识变化中的客户需求和新的商业挑战,关注这些需求和挑战,在这些新机会变化或消失之前,迅速、恰当地做出反应。可以说创新是服务营销的根本,只有不断创新服务营销策略,才能快速应对市场环境变化,更好地满足市场需求,塑造企业的竞争优势。上门洗车的创新服务如图11-7所示。

图11-7 上门洗车创新服务

小组讨论:汽车美容装饰企业还可以开展哪些创新服务?

3. 服务营销差异化策略

市场消费需求越来越个性化,服务也要随之个性化,否则企业就会陷入被动的局面。企业不但要进行产品市场细分,还要进行服务市场细分,不但要"一对一"销售,还要"一对一"服务。对客户进行细分,针对不同类型客户量身提供差异化服务,这是服务营销的准则。在产品、技术日趋向同质化的今天,唯有在品牌和服务上下功夫才能在市场竞争中取胜,因此各类商家越来越注重差异化服务。服务差异化体现在很多方面,如服务品牌差异化、服务模式差异化、服务技术差异化、服务概念差异化、服务传播差异化等。"差异"可以是竞争对手没有而企业自己独有,也可以是竞争对手虽有但本企业更优越,或者是完全追求有别于竞争对手的做法。

各小组分析以下案例并讨论:案例中的差异化服务体现在什么地方?

普通的车身补漆需要 1 天甚至更多时间,但是某美容装饰企业采用最新补漆工艺,大大缩短了车身补漆时间,补漆面积小于 $3cm^2$ 的作业仅需要 3h,比其他企业缩短了 20 多 h 的时间。

_____

_____

_____

_____

4. 服务营销多元化策略

服务平台多元化、立体化,为客户创造最大的便利,如建立店面服务载体、平面服务载体、语音服务载体、移动服务载体、网络服务载体等多元化服务平台,使客户获得更多的接受服务的机会。同时,在被动满足客户提出的服务要求的同时,也要主动地利用多种沟通渠道进行客户访问,提供计划性、制度化、流程化的销售服务。例如,可通过诸如短信、电话、传真、电子邮件、信函、上门访问等多种渠道提供服务,某汽车美容装饰企业的生日祝福短信发送系统如图 11-8 所示。

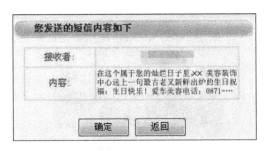

图 11-8 某汽车美容装饰店的祝福短信

5. 服务营销的品牌策略

如今,品牌已成为企业进入市场的"敲门砖",对于服务营销来说,品牌给客户提供了有效的信息来识别特定公司的服务,因此树立公司服务品牌至关重要。要实施服务营销品牌策略,首先,要提高服务质量,把服务质量作为企业的生命线。服务质量对于一项服务产品的营销至关重要,服务质量是判断一家服务公司好坏的最主要的凭据,也是与其他竞争者相区别的最主要的定位工具。其次,要克服服务营销的零散状况,形成一定的集中度,使多样化的市场需求标准化,使造成零散状况的主要因素中立化或分离。例如通过收购等方法克服零散,从而形成一定程度的集中,创造服务品牌。第三,要注重品牌创新与保护策略。品牌创新一般通过服务企业的服务开发、营销开发、文化开发、人力资源开发等途径,不断提高服务产品、服务企业的知名度和美誉度,以及客户的满意度。在品牌创造过程中,企业要注意保护自己的知识产权,保护自己的信誉,抓紧做好服务商标的注册工作。

各小组查询相关资料,写出当地比较有名气的几个汽车美容装饰服务品牌。

_____
_____
_____
_____

6. 服务营销的沟通策略

服务中无时无刻不需要沟通,沟通是一种全方位的价值创造过程。在实施服务营销时,应做好服务沟通工作,努力展示自己的特点,力求给客户留下深刻印象。通过语言和行为上的沟通,取得企业价值观的有效传递与沟通,获得客户对企业文化的充分认可,这样会为企业带来大量忠诚的客户群体。此外,针对目标市场对服务的特殊需求和偏好,服务营销往往还需要公共关系促销。许多富有创意的公关促销活动,在极大促进销售的同时,也使企业的形象获得适当的诠释,扩大企业的知名度。某企业的慈善营销活动如图11-9所示。

图11-9 某企业的慈善营销活动

请各小组讨论:除了慈善营销还可以进行哪些公关营销活动?

_____
_____
_____
_____

(三)教育式营销

所谓教育式营销模式就是通过传播新的消费理念、新的生活方式等观念与思想,从而教育、引导客户和潜在客户,使其接受新的消费理念与生活方式,改变原有的思维习惯、消费习惯、生活方式,使营销水平更上一个新的层次的营销模式。某汽车美容装饰企业的教育式营销活动如图11-10所示。

教育式营销主要有讲座、座谈、聚会、参观、新技术展示会、产品发布会等形式。下面给出讲座、聚会、新产品展示等活动的一般步骤。

1. 选定主题

该主题要贴近自己需要营销的产品或者服务,且不宜太专业。对于汽车美容装饰企业,可以选择"日常养车小知识""冬季行车、养车需要注意的事项"等主题。

图11-10 某汽车美容装饰店的爱车讲堂

2. 内容准备

需要准备的内容有:

(1)讲稿;

(2)展示实物;

(3)多媒体辅助设备。

3. 设计互动环节

增加客户的参与度可以提高客户的兴趣,常用的互动方式包括:有奖问答、抽奖、让客户亲自操作某种产品等。

4. 主题转换

活动最后,需要将主题转到我们需要营销的产品或服务中,如"日常养车小知识讲座"最后可以转到推荐车身养护产品。

(四)体验营销

体验营销是通过让客户看、听、用、参与等手段,充分刺激客户的感官,调动其情感、思考、行动、联想等感性因素和理性因素,重新定义、设计的一种营销方法。

1. 知觉体验

知觉体验即感官体验,使客户通过视觉、听觉、触觉、味觉与嗅觉等知觉器官获得感官体验。感官体验可包括公司与产品(识别)、引发客户购买动机和增加产品的附加价值等。

2. 思维体验

思维体验即以创意的方式引起客户的好奇、兴趣,使其对问题进行集中或分散的思考,为客户创造认知和解决问题的体验。

3. 行为体验

行为体验指通过增加客户的身体体验,指出他们做事的替代方法、替代的生活形态与互动,丰富客户的生活,从而使客户自发地改变生活形态。

4. 情感体验

情感体验发掘客户内在的感情与情绪,使客户在消费中感受到各种情感,如亲情、友情和爱情等。

请根据所学内容,小组讨论以下内容:

（1）你的店铺新推出一款发动机冷却油，它可以代替冷却液，并且可以不产生水垢，终生免维护。你应该如何运用体验式营销来销售它呢？

（2）你的店铺在促销一款座椅套，它比一般的座椅套更柔软、更温暖，并且还易于拆卸、清洗，你应该如何运用体验式营销来销售它呢？

_____

_____

_____

_____

三、促销的定义

促销又叫"销售促进"，它是指企业运用各种短期诱因鼓励客户和中间商购买、经销企业产品和服务的活动。

四、促销的作用

1. 缩短产品入市的过程

使用促销手段，旨在对客户或经销商提供短期激励，在一段时间内调动人们的购买热情，培养客户的兴趣和使用偏好，使客户尽快地了解产品。

2. 激励客户初次购买

促销要求客户或汽车美容装饰企业的员工亲自参与，目标就是立即实现销售。客户一般对新产品具有抗拒心理。由于使用新产品的初次消费成本可能是使用老产品的2倍（对新产品一旦不满意，还要花同样的价钱去购买老产品，这等于花了2份的价钱才得到了1个满意的产品，所以许多客户在心理上认为买新产品代价高），客户就不愿冒风险对新产品进行尝试。但是，促销可以帮客户降低这种风险，降低初次消费成本，从而接受新产品。某新店的促销活动如图11-11所示。请小组讨论：新开设的美容装饰店促销能起到什么作用？

图11-11　某汽车美容装饰店促销活动海报

_____

_____

_____

_____

3. 激励客户再次购买，使其建立消费习惯

通过让客户再次购买，形成消费习惯，逐渐培养企业的忠实客户。

4. 提高销售业绩

毫无疑问，促销是一种竞争，它可以改变一些客户的使用习惯及提高其品牌忠诚度。受利益驱动,经销商和客户都可能大量进货或购买。因此,在促销阶段,常常会刺激消费,提高销售量。

5. 带动相关产品市场

促销的第一目标是完成促销产品的销售。但是,在一种产品的促销过程中,却可以带动相关的另一种产品的销售。比如,某车型销售量增高,也会带动该车型的汽车美容装饰用品销售量增高。

6. 节庆酬谢

促销可以使产品在节庆期间锦上添花。每当例行节日到来的时候,或是企业有重大喜庆(例如开业和上市)的时候,开展促销活动可以表达企业对广大客户的一种酬谢。

五、促销的方式

(一)无偿促销

"无偿促销"指的是针对目标客户不收取任何费用的一种促销手段。它包括2种形式:

1. 无偿附赠

无偿附赠主要以酬谢包装为主,所谓"酬谢包装"指的是以标准包装为衡量基础,但给客户提供更多价值的一种包装形式。如玻璃清洗液买大瓶送小瓶等。

2. 无偿试用

无偿使用主要以免费样品为主,所谓"免费样品"指的是将产品直接提供给目标对象试用而不予取偿。如为客户提供试用的补漆笔等。

请各小组讨论,再写出2种可以进行无偿促销的汽车美容装饰用品:

_____
_____
_____
_____
_____

(二)惠赠促销

"惠赠促销"指的是对目标客户在购买产品时所给予一种优惠待遇的促销手段。

1. 买赠

买赠即购买获赠,只要客户购买某一产品,即可获得一定数量的赠品。最常用的方式,如"买一赠一""买五赠二""买一赠三"等。

2. 换赠

换赠即购买补偿获赠,只要客户购买某一产品,并再略对商家做一些补偿,即可再换取到其他产品。如"花20元以旧换新""再加1元送××产品""加10元换购××产品"等。

3. 退赠

退赠即消费达标返利获赠。只要客户消费达到一定数额或次数,即可获得返利。它包括客户累计消费返利和经销商累计销售返利。如当购买量达到1000元时返利5%。当消费3次时退还1次的价款等。

某汽车美容装饰企业的促销广告如图11-12所示。

(三) 折价促销

"折价促销"指的是在目标客户购买产品时,所给予不同形式的价格折扣的促销手段。折价优惠券,俗称"优惠券",是一种古老而风行的促销方式。优惠券上一般印有产品的原价、折价比例、可购买数量及有效时间,客户可以凭券购买并获得实惠。折价优惠卡,即一种长期有效的优惠凭证。它一般以会员卡和消费卡2种形式存在,使发卡企业与目标客户之间保持比较长久的消费关系。某汽车用品购物网站的折价促销广告如图11-13所示。

图11-12 惠赠促销活动

图11-13 某汽车用品购物网站的折价促销

1. 现价折扣

现价折扣即在现行价格基础上打折销售。这是一种最常见且行之有效的促销手段。它可以让客户现场获得实际利益并心满意足,同时销售方也会获得满意的目标利润。因为,现价折扣过程,一般是讨价还价的过程。通过讨价还价,可以让买卖双方都满意。

2. 减价特卖

减价特卖即在一定时间内对产品降低价格,以较低的价格来销售。减价特卖的一个特点就是阶段性。一旦达到促销目的,产品价格即恢复到原来的水平。

(四) 竞赛促销

"竞赛促销"指的是利用人们的好胜和好奇心理,通过举办趣味性和智力性竞赛,吸引目标客户参与的一种促销手段。

征集与问答竞赛,即竞赛的发动者通过征集活动或有奖问答活动吸引客户参与的一种促销方式,如广告语征集、商标设计征集等。促销竞赛,是请客户参与并获得消费利益的活动。最终竞赛的获奖者,必是在比赛中的佼佼者。

(五) 活动促销

图11-14 汽车用品展销会现场

"活动促销"指的是通过举办与产品销售有关的活动,来吸引客户注意的促销手段。

1. 商品展示会

活动举办者可通过参加展销会、订货会或自己召开产品演示会等方式来达到促销目的。这种方式可以每年定期举行,不但可以实现促销目的,还可以宣传产品。这种方式也被称为"会议促销"。

某汽车用品展销会现场如图11-14所示。

2. 抽奖

抽奖即客户在购买汽车美容装饰用品或消费时,对其给予若干次抽奖机会的促销方式。这种促销活动的其他形式还很多,例如刮卡兑奖、摇号兑奖、拉环兑奖等。

(六)组合促销

"组合促销"指的是将 2 种以上促销方式配合起来使用,以求提高效率的促销手段。之前已提到 5 种促销方式,其中每 1 种都可以与另外 4 种促销方式组合。

项目实施

任务1　微信营销练习

请各小组讨论,并按照自媒体营销的操作步骤,每个小组编写一条于汽车美容装饰企业的微信营销信息,并发布到朋友圈。

发布后,每个组的同学分别察看其他组的微信营销信息,并总结其他组的微信营销信息存在的不足及自己组的微信营销信息需要改进的地方。

_____组需要改进的地方:

_____组需要改进的地方:

_____组需要改进的地方:

_____组需要改进的地方:

任务2　差异化服务项目设计

如果不需要考虑运营成本,请各小组同学选择1个汽车美容装饰项目,制定1个简短的、尽可能让客户有新奇、惊喜体验的服务流程,并进行分享。

<u>　　　　</u>的服务流程

如果需要考虑运营成本,请小组讨论,分析以上服务流程有哪些不足之处,需要如何改进,并进行分享。

任务3 服务项目/产品讲座的教育式营销设计及练习

围绕汽车美容装饰企业的服务项目和汽车美容装饰用品,设计一个时长为10min的小讲座,最后将讲座内容回归营销主题。然后对其他小组的讲座进行评价。

讲座主题:＿＿＿＿＿＿＿　　营销的服务项目或销售产品:＿＿＿＿＿＿＿

讲座内容:

＿＿＿＿＿＿＿组需要改进的地方:

＿＿＿＿＿＿＿组需要改进的地方:

＿＿＿＿＿＿＿组需要改进的地方:

＿＿＿＿＿＿＿组需要改进的地方:

任务4　体验式营销案例分析

小组分析如下案例,写出该案例中分别用到了体验式营销的哪些体验类型,并且能达到什么效果。

案例1:某汽车装饰美容企业举办汽车前照灯抛光体验活动,凡是进店的客户,都可以免工时费享受一次汽车前照灯抛光服务。抛光后的汽车前照灯亮度大大增加了。但是为了维持汽车前照灯外观的透亮,还需要镀一层保护膜,因此客户纷纷购买镀膜服务。

案例2:东风雪铁龙的4S店接待台的颜色都是统一的红白相间。宝马迷你4S店的销售顾问着装不是西服,而是统一的T恤和牛仔裤。奔驰4S店的标志为统一的蓝色背景加奔驰标志。

案例3:4S店新车销售过程中,都要邀请客户进行试乘、试驾活动,活动过程中,客户在副驾驶就座,驾驶专员为客户介绍车的各种性能。活动进行到一半以后,试驾专员会邀请客户亲自试驾。

任务5　营销推广方案策划

近1个月内,你发现到你的店内进行发动机舱清洁护理的客户数量有所减少,根据以上所学促销方式,设计1个合适的促销方案以提高该服务项目的销量。

项目评价

学习结束后,需要及时对学习效果进行评价,为体现评价结果的有效性,评价采用自评、互评和教师评相结合的方式,具体评价内容见表11-1。

项目十一评价表　　　　　　　　　　　　　　　　　　　表11-1

能　力	序号	评 价 内 容	分值	自评	互评	教师评
专业、方法能力 (60分)	1	在小组讨论过程中积极引导讨论	8			
	2	微信营销内容的完整性	10			
	3	服务营销活动中的新奇感和惊喜感	12			
	4	讲座过程的流畅程度与是否贴合了其产品或服务	10			
	5	体验式营销分析的完整性	10			
	6	促销手段的多样性及合理性	10			
综合能力 (40分)	7	有良好的团队分工及协作表现	10			
	8	有良好的表达沟通能力	15			
	9	纪律表现良好	15			
合计			100			
总评						
评语	自评: 签字: 互评: 签字: 教师评: 签字:					

项目拓展

通过对几个体验式营销案例的分析发现,要设计出比较完美的体验式营销方案是非常难的,各位同学可以在网上搜索一些常见的体验式营销案例,并结合汽车美容装饰企业的服务及产品特点,尝试设计1个能让客户进行各种体验的营销方案。

参 考 文 献

[1] 张凤山,张鹏.汽车美容店开店与操作[M].北京:机械工业出版社,2014.
[2] 刘亚松.汽车美容业投资经营指南[M].北京:机械工业出版社,2008.
[3] 王靖.如何开家汽车美容店[M].北京:化学工业出版社,2011.
[4] 刘亚松.弱者谋存:汽车美容业经营突围[M].北京:机械工业出版社,2009.
[5] 刘瑞军.自媒体营销实战全攻略[M].北京:人民邮电出版社,2014.
[6] 刘国华.从2D到5D全方位体感式营销[M].江西:人民邮电出版社,2015.
[7] 淘宝大学.客户不丢[M].北京:电子工业出版社,2014.
[8] 孙健,赵涛.私营企业做大做强必备的管理制度与规范[M].上海:立信会计出版社,2014.
[9] 霍书增.汽车4S店精品销售与管理[M].北京:机械工业出版社,2014.
[10] 余镜怀.汽车及配件营销管理[M].北京:中央广播电视大学出版社,2010.

人民交通出版社汽车类高职教材部分书目

书 号	书 名	作 者	定价（元）	出版时间	课件
一、全国交通运输职业教育高职汽车运用与维修技术专业规划教材					
978-7-114-15615-1	汽车专业英语	苏庆列	29.00	2019.08	有
978-7-114-15508-6	机械识图	侯涛	35.00	2019.08	有
978-7-114-15766-0	汽车机械基础	孙旭	30.00	2019.11	有
978-7-114-15700-4	汽车电工电子基础	刘美灵	29.00	2019.11	有
978-7-114-15601-4	发动机原理与汽车理论	姚文俊	32.00	2019.08	有
978-7-114-15562-8	汽车运行材料	蒋晓琴	24.00	2019.08	有
978-7-114-15497-3	汽车发动机构造与检修	王雷	49.00	2019.08	有
978-7-114-15688-5	汽车底盘构造与检修	马才伏	30.00	2019.11	有
CHI040892	汽车电气设备构造与检修	李建明	估30	2019.12	有
CHI040893	汽车性能与检测技术	杨柳青	估20	2019.12	有
978-7-114-15699-1	汽车维修业务接待	邢茜	30.00	2019.09	有
978-7-114-15794-3	汽车车载网络技术	黄鹏	30.00	2019.11	有
978-7-114-15759-2	新能源汽车概论	周志国	20.00	2019.11	有
978-7-114-15677-9	汽车营销技术	莫舒玥	30.00	2019.11	有
978-7-114-15567-3	汽车鉴定与评估	王俊喜	29.00	2019.09	有
978-7-114-15697-7	机动车辆保险与理赔	韩凤	29.00	2019.09	有
978-7-114-15744-8	汽车美容与装饰	彭钊	34.00	2019.11	有
978-7-114-15737-0	汽车配件管理	夏志华	20.00	2019.11	有
978-7-114-15781-3	礼仪与沟通	孔春花	20.00	2019.11	有
二、全国交通运输职业教育教学指导委员会规划教材　新能源汽车运用与维修专业					
978-7-114-14405-9	新能源汽车储能装置与管理系统	钱锦武	23.00	2018.02	有
978-7-114-14402-8	新能源汽车高压安全及防护	官海兵	19.00	2018.02	有
978-7-114-14499-8	新能源汽车电子电力辅助系统	李丕毅	15.00	2018.03	有
978-7-114-14490-5	新能源汽车驱动电机与控制技术	张利、缑庆伟	28.00	2019.05	有
978-7-114-14465-3	新能源汽车维护与检测诊断	夏令伟	28.00	2018.03	有
978-7-114-14442-4	纯电动汽车结构与检修	侯涛	30.00	2018.03	有
978-7-114-14487-5	混合动力汽车结构与检修	朱学军	26.00	2018.03	有
三、高职汽车检测与维修技术专业立体化教材					
978-7-114-14826-2	汽车文化	贾东明、梅丽鸽	39.00	2019.07	有
978-7-114-15531-4	汽车电工电子技术	刘映霞、王强	32.00	2019.07	有
978-7-114-15542-0	汽车机械制图	陈秀华、易波	29.00	2019.07	有
978-7-114-15609-0	汽车机械基础	杜婉芳	29.00	2019.07	有
978-7-114-14765-4	汽车发动机故障诊断与修复	赵宏、刘新宇	45.00	2018.07	有
978-7-114-14792-0	汽车底盘故障诊断与修复	侯红宾、缑庆伟	43.00	2019.09	有
978-7-114-14731-9	汽车电气故障诊断与修复	张光磊、周羽皓	45.00	2018.07	有
978-7-114-13155-4	汽车维护技术	蔺宏良、黄晓鹏	33.00	2018.05	有
978-7-114-14808-8	汽车检测技术	李军、黄志永	29.00	2018.07	有
978-7-114-13154-7	汽车保险与理赔	吴冬梅	32.00	2018.07	有
978-7-114-14744-9	汽车维修服务实务	杨朝、李洪亮	22.00	2018.07	有
978-7-114-14777-7	旧机动车鉴定与评估	吴丹、吴飞	33.00	2018.07	有
四、交通运输职业教育教学指导委员会推荐教材、高等职业教育规划教材					
1. 汽车运用与维修技术专业					
978-7-114-15477-5	■汽车电工与电子基础（第4版）	任成尧	50.00	2019.12	有
978-7-114-15246-7	■汽车机械基础（第4版）	凤勇	46.00	2019.03	有
978-7-114-11495-3	汽车发动机构造与维修（第三版）	汤定国、左适够	39.00	2018.05	有
978-7-114-15867-4	■汽车底盘构造与维修（第4版）	周林福	55.00	2019.12	有
978-7-114-11422-9	■汽车电气设备构造与维修（第三版）	周建平	59.00	2019.05	有

书 号	书 名	作 者	定价（元）	出版时间	课件
978-7-114-11216-4	■汽车典型电控系统构造与维修（第三版）	解福泉	45.00	2016.01	有
978-7-114-11580-6	汽车运用基础（第三版）	杨宏进	28.00	2019.02	有
978-7-114-15614-4	■汽车实用英语（第3版）	马林才	39.00	2019.09	有
978-7-114-13916-1	汽车专业资料检索（第二版）	张琴友	32.00	2017.08	有
978-7-114-15724-0	■汽车文化（第4版）	屠卫星	48.00	2019.12	有
978-7-114-11349-9	■汽车维修业务管理（第三版）	鲍贤俊	27.00	2019.04	有
978-7-114-11238-6	■汽车故障诊断技术（第三版）	崔选盟	30.00	2019.02	有
978-7-114-14078-5	汽车维修技术（第二版）	刘振楼	25.00	2017.08	有
978-7-114-14098-3	汽车检测诊断技术（第二版）	官海兵	27.00	2017.09	有
978-7-114-14077-8	汽车运行材料（第二版）	崔选盟	25.00	2017.09	有
978-7-114-13496-8	汽车单片机及局域网技术（第二版）	方文	20.00	2018.05	有
978-7-114-14789-0	汽车概论（第2版）	巩航军	30.00	2018.08	有
978-7-114-15133-0	发动机原理与汽车理论（第4版）	张西振	32.00	2018.12	有
978-7-114-15135-4	汽车维修企业管理（第4版）	沈树盛	39.00	2019.03	有
978-7-114-13831-7	汽车空调构造与维修（第二版）	杨柳青	30.00	2017.08	有
978-7-114-12421-1	汽车柴油机电控技术（第二版）	沈仲贤	26.00	2018.05	有
978-7-114-15701-1	汽车使用与技术管理（第3版）	雷琼红	38.00	2019.08	有
978-7-114-14091-4	汽车使用性能与检测技术（第二版）	巩航军	30.00	2017.09	有
978-7-114-15694-6	汽车保险与理赔（第5版）	梁军	36.00	2019.08	有
978-7-114-14306-9	汽车装潢与美容技术（第二版）	彭保才、王会	33.00	2018.05	有
	2. 汽车营销与服务专业				
978-7-114-15569-7	■旧机动车鉴定与评估（第3版）	屠卫星	36.00	2019.08	有
978-7-114-14102-7	汽车保险与公估（第二版）	荆叶平	36.00	2017.09	有
978-7-114-15758-5	汽车备件管理（第2版）	王思霞、张江红	28.00	2019.09	有
978-7-114-11220-1	■汽车结构与拆装（第二版）	潘伟荣	59.00	2019.06	有
978-7-114-11247-8	■汽车营销（第二版）	叶志斌	35.00	2019.06	有
978-7-114-15156-9	汽车使用与维护（第2版）	王福忠	38.00	2019.02	有
978-7-114-14028-0	汽车保险与理赔（第二版）	陈文均、刘资媛	22.00	2017.08	有
978-7-114-14869-9	汽车维修服务接待（第2版）	王彦峰、杨柳青	28.00	2018.08	有
978-7-114-14015-0	客户沟通技巧与投诉处理（第二版）	韦峰、罗双	24.00	2019.03	有
978-7-114-13667-2	服务礼仪（第二版）	刘建伟	24.00	2017.05	有
978-7-114-14438-7	汽车电子商务（第三版）	张露	29.00	2018.02	有
	3. 汽车车身维修技术专业				
978-7-114-11377-2	■汽车材料（第二版）	周燕	40.00	2016.04	有
978-7-114-12544-7	汽车钣金工艺	郭建明	22.00	2015.11	有
978-7-114-12311-5	汽车涂装技术（第二版）	陈纪民、李扬	33.00	2016.11	有
978-7-114-14211-6	汽车车身测量与校正（第2版）	郭建明	22.00	2019.05	有
978-7-114-11595-0	汽车车身焊接技术（第二版）	李远军、李建明	28.00	2018.03	有
978-7-114-13885-0	汽车车身修复技术（第二版）	韩星、陈勇	29.00	2017.08	有
978-7-114-09603-7	汽车车身构造与修复	李远军、陈建宏	38.00	2016.12	有
978-7-114-12143-2	车身结构及附属设备（第二版）	袁杰	27.00	2019.03	有
978-7-114-13363-3	汽车涂料调色技术	王亚平	25.00	2016.11	有
	4. 汽车制造与装配技术专业				
978-7-114-12154-8	汽车装配与调试技术	刘敬忠	38.00	2018.06	有
978-7-114-12734-2	车身焊接技术	宋金虎	39.00	2016.03	有
978-7-114-12794-6	汽车制造工艺	马志民	28.00	2016.04	有
978-7-114-12913-1	汽车AutoCAD	于宁、李敬辉	22.00	2016.06	有

■为"十二五"职业教育国家规划教材。咨询电话：010-85285253、85285977；咨询QQ：183503744、99735898。